做个口才好情商高的女人

雨 秋◎编著

国家一级出版社 中国纺织出版社 全国百佳图书出版单位

内 容 提 要

女人不一定要智商过人，但一定要情商超凡。高情商的女人会把爱、信念和美好传递给他人，同时自身获得一份闲适和自在。

本书针对女性所独有的性格特点、情感模式、思维方式进行了全面的论述，并从职场、社交、家庭等方面告诉女人如何发掘自己的情感潜能，从而获得力量去争取幸福而成功的人生。

图书在版编目（CIP）数据

做个口才好情商高的女人／雨秋编著.—北京：中国纺织出版社，2018.1（2024.1重印）

ISBN 978-7-5180-4485-6

Ⅰ.①做…　Ⅱ.①雨…　Ⅲ.①女性—口才学—通俗读物　Ⅳ.①H019-49

中国版本图书馆 CIP 数据核字（2017）第 315283 号

责任编辑：闫　星　　特约编辑：王佳新　　责任印制：储志伟

中国纺织出版社出版发行

地址：北京市朝阳区百子湾东里 A407 号楼　邮政编码：100124

销售电话：010—67004422　传真：010—87155801

http://www.c-textilep.com

E-mail:faxing@c-textilep.com

中国纺织出版社天猫旗舰店

官方微博 http://weibo.com/2119887771

北京兰星球彩色印刷有限公司　　各地新华书店经销

2018 年 1 月第 1 版　2024 年 1 月第 5 次印刷

开本：710×1000　1/16　印张：13

字数：200 千字　定价：36.80 元

序言
PREFACE

随着时代的进步,女人们也开始走出家庭和闺房,和男人们一起参与社会竞争,但相对来说,女人要想活得精彩、活得幸福是不易的。很多女人常常感到自己竞争压力大、工作不顺心、业绩不明显、经常遭到领导批评、回家后常和爱人吵架、丈夫“出轨”、只能勉强维持名存实亡的婚姻、对方为一点小事就针锋相对、有一份让别人羡慕的收入,却没有让自己喜欢的生活方式……这是为什么?女人们常常问自己:我到底哪里做的不对?也许你很优秀,你也很美丽,但你并不一定聪明。

事实上,我们每个人,也包括女人们,一生必须要学会的两件事不外乎两件:一件是做人,一件是做事,有人说,做人难,做事也难。的确,人生不易,为了获得必要的生存条件和实现自己的人生价值,我们每个人都在努力,也同时面对着巨大的压力。而一个女人,不管多能干,多聪明,背景条件多好,如果不掌握一定的做事方法,那么只能是事倍功半,也不招人喜欢,最终的结局肯定是失败的。

我们发现,生活中,那些受人欢迎、幸福指数高的女人多半都有两项必杀技——会说话、会办事,因此,她们常告诫身边的姐妹:会说话的女人受欢迎,会办事的女人最出众。她们懂得“话不说满、事不做绝、谨慎交友”的原则和底线。无论是生活、感情还是事业她们都处理得游刃有余。

“一言可以兴邦一言可以丧邦”。善于说话的女人在这个世界上能够御风而行万事顺意、不会说话的女人则如船搁浅滩步步难行。因此,作为女人,你可以长的不漂亮,但你一定要说的漂亮,动听的声音、恰当的表达、巧妙的沟通,都能让你在生活和工作中顺心顺意。善于说话的女人在这个世界上能够御风而行万事顺意不会说话的女人则如船搁浅滩步步难行。为什么有的女人身负旷世才学行走世上却步履维艰有的人资质平平却能干出一番惊天动地的事业这在很大程度上取决于她们说话的水平。成功的女人很多她们成功的秘诀之一便是能说会道。的确,说话是人类最有效的沟通方式,而说话技巧则是决定一个人做事成败的关键因素。假如你是一个容颜美丽的女人,优雅的谈吐可以使你更加迷人;假如你是一个相貌平平的女人得体的言谈也可以让你光彩照人。对于女人来说卓越的口才是增加自身魅力的砝码,更是让你在生活中、在职场中御风而行的有力武器。好的口才可以改变一个人的命运可以帮助女人成就一番事业。而好口才需要灵活的“心眼”。说话三要素 该说时会说——水平 不该说时不说——聪明 知道何时该说何时不该说——高明。

当然,女人除了会说话以外,还必须懂得一些做人做事的心计,你是否发现仅靠着一副好心肠、一颗慈善心很难应对面临的挑战?当今社会,人心日趋复杂,竞争几近沸腾,与人打交道,适当的有点“心眼”、“心计”,会使你进退自如、游刃有余。恰当地运用“心眼”、“心计”会让你财源滚滚来,职衔一路提升,办事一路畅通,人际关系和谐融洽。

可见,若一个女人练就了独到的、说话办事的能力,真正做到说得入木三分、凡事能办得圆融完善,在任何情况下都是魅力四射的焦点。

现代社会,说话水平和办事能力是现代女性素质的综合体现,更是笑傲职场、谋求幸福人生的重要资本。倘若你想做个幸福、优雅、聪明的女人,假若你想寻找到成功处世的捷径,假若你想做到事业成功,假若你想提升自己的幸福指数,那么,本书能为你提供有价值的参考,让你尽随心愿。

编著者

2017 年 9 月

目录

CONTENTS

上篇：智慧女人，一开口就讨人喜欢

上篇：智慧女人，一开口就讨人喜欢

第1章 腹有诗书气自华，女人的好口才源于积累

一个女人说话的分寸、技巧、姿态和语调，直接影响到她是否对对方具有吸引力，也关系到她是否拥有良好的人缘。

女人要修炼一副舌绽莲花的好口才，仅仅是言辞得体，到什么山唱什么歌还不够，柔美的声音和自然的语调，对女性的口才魅力大有锦上添花之功效。因为有了好口才，即使是一个平凡、普通的女人，也能结交如云，化险为夷，赢遍天下。

注重平日积累，谈吐才有魅力

每一个女性都希望自己是有魅力的，她们或多或少都在营造着自己的魅力。有魅力的女人，她的一举一动都有着神奇的吸引力，就像一块磁铁一样，有一种征服人心的力量。有魅力的女人最容易成功。

容貌和体态等外在的东西，是女性魅力的硬件；而一个女人做事的方法、说话的水平，则是她魅力的软件，同样起着决定性的作用。在社会中与人交往，别人对女人的品评如何，女人给人的印象好坏，都是由女人的语言表达方式而定的。

有很多女人天生伶牙俐齿，她们也非常乐意展示自己的这一优势，发表意见时，有理有据，滔滔不绝；若是与人辩论，总有办法把人驳得说不出话来。这是最具魅力的谈话方式吗？恰恰相反，女性的魅力是一种柔和的吸引力，用一种近乎霸道的手段让人"崇拜"，结果通常只会使他人"敬而远之"。

有一位女施主，家境非常富裕，不论其财富、地位、能力还是外表，都没有人能够比得上，但她却整天郁郁寡欢，连个谈心的人也没有。于是她就去请教悟静禅师，如何才能具有魅力，以赢得别人的喜欢。

悟静禅师告诉她："如果你能随时随地和各种人合作，并具有和佛一样的慈悲胸怀，讲些禅话，听些禅音，做些禅事，用些禅心，那你就能成为有魅力的人了。"

女施主听后，问道："禅话怎么讲呢？"

悟静禅师道："禅话，就是说欢喜的话，说真实的话，说谦虚的话，说利人的话。"

女施主又问道："禅音怎么听呢？"

悟静禅师道："禅音就是化一切声音为微妙的声音，把辱骂的声音转为慈悲的声音，把毁谤的声音转为帮助的声音，哭声闹声，粗声细声，你都能不介意，那就是禅音了。”

女施主再问道：“禅事怎么做呢？”

悟静禅师：“禅事就是布施的事、慈善的事、服务的事、合乎佛法的事。”

女施主更进一步问道：“禅心怎么用呢？”

悟静禅师道：“禅心就是你我一如的心，圣凡一致的心，包容一切的心，普利一切的心。”

女施主听后，一改从前的娇气，在人前不再夸耀自己的财富，不再自恃自己的美丽，对人总谦恭有礼，对眷属尤能体恤关怀，不久就被夸为“最具魅力的女人”。

在我们的生活中，那种要么整天板着面孔不出声，要么遇事嗫嗫嚅嚅的女人，当然不会讨人喜欢，而只为“说话”而“说话”、做人的内涵也不够的女人，即使说得天花乱坠，也终究还是得不到他人的认可。

女性先有一颗美丽的心，然后才能锻炼出真正美妙的口才。我们在说话时一定先对周围的人抱有一种宽容体谅之心，当然，这不是说心里有意见也不说，或人云亦云。要诚恳地表达自己的看法，同时又不得罪人。这就要求我们说话时要动脑筋，要温和委婉，尽量不要触怒对方，要给对方足够的面子，同时也要让对方明白我们的想法。聪明的女人还要虚心地听别人讲话，不光是听语言，还要听语调。一个会说话的女人往往也是一个高明的听众，这样对方才会愿意把她当做知心朋友，愿意向她吐露心声。

言辞的魅力，能让一个外表平凡的女子焕发动人的光彩。当年的法国沙龙女人，是一代女性高雅风范和高超社交能力的代表，那些贵妇们通常都不是很年轻，但她们的个人魅力却能使头戴金冠的国王相形见绌。在很多场合下，当人们的谈话陷入僵局之时，这种聪慧的女子能轻而易举地使整个局面得以改观。也许她们并不美丽，也并不年轻，但她们能将每个人的目光都吸引过来，成为大家追捧的对象。

拿破仑·希尔指出：“有魅力的人，人人都爱和他交友；和有魅力的人相

处总是愉快的。他好像雨天的太阳，能驱除昏暗。人人都乐于为他做事，他也能要一个人做别人连做梦都想不到的事。”

有魅力的女性，应该以“内外兼修”为基础。在认知上不出现偏差，技巧的问题可以慢慢地领悟和锻炼。在这个基础上，做一个玲珑剔透、广受欢迎的女人，其实也不是很难。

通过变换语气来表达你的个性

口才出众的女人，与她谈话简直就是一种艺术的享受。她们说话时旁征博引，诙谐幽默，语气恰到好处，引人入胜，就像一个出色的钢琴家，将谈话的语气当做钢琴的琴键而随意挥洒，弹奏出一曲曲动人心弦的高山流水。

说话离不开语气。在一句话中，不但有遣词造句的问题，而且还有用怎样的语气表达，说话才准确、鲜明、生动的问题。

2006 年胡润女富豪榜以 5 亿元排行第 48 位的谭海音，就是一个个性与魅力兼备的女人，她平和、宽容、真诚、坦率，她做易趣 CEO，兼具时尚与沉稳，做得信心十足、底蕴十足，赢得许多的同行与属下夸赞。

在易趣，员工有事可以直接找董事长和执行总裁去谈。开会的时候，也没有繁文缛节，没有正襟危坐，只有开诚布公。

有一幅画面十分生动地反映了谭海音的管理艺术：“噢，吃冰激凌！”办公室突然响起欢呼声。“海音请大家吃哈根达斯！”行政人员提着塑料口袋轮流分配，啧啧赞叹声不绝于耳。

只这一句话，就充分表达了谭海音作为一个聪明的女性管理者的优势。在发挥女性感情丰富、细腻的优点上，谭海音做得十分出色，这也是她的个性与魅力之所在。

那些能够唤起人们亲切感情的语气，是女性一项与人沟通交往的法宝。

但是，我们应该看到，人在社会化过程中，由于受社会、家庭和个人的某种语言习惯的影响，每个人都会形成独特的习惯语气，而有些习惯却并不那么美好。

大部分女性在讲话时都有声音过于急促、细声细气的毛病。讲话的诀窍在于音量适当，语调平稳，速度不缓不急，此举显示你对自己信心十足。利用呼吸换气时断句，可以避免许多不必要的"嗯啊"等语病，内容显得流畅而有条理。切忌以疑问语调结束事实的陈述，以免影响语气的坚定。

有的女性讲话声音变化很大，总是一开口声音很高、很强，到后来越说越低、越弱，句尾的几个字几乎听不到。这种头重脚轻的语势使语意混乱，容易造成听话人的疲劳。有的女性讲话，总是带有一种"官腔"，任意拖长音，声音下滑，给人一种命令、指示的感觉。还有的女性在讲话时，喜欢在句尾几个字上用力，使末一个字短促，语力足，给人以强烈感、武断感，这样容易让人不舒服。

选择用怎样的语气谈话，取决于所处的场合、谈话对象、谈话的内容和目的等各种因素，要具体问题具体分析。事前意识到讲话语气的作用，对谈话目的的达成大有裨益。

譬如，有人说话总是和声细语的。这种声和气宛如柔和的月光、涓涓的泉水，由人心底流出，轻松自然，和蔼亲切，不紧不慢，能给听者以舒适、安逸、细腻、亲密、友好、温馨的感觉。人们在请求、询问、安慰、陈述意见时常使用这种声和气，因为它可以弘扬女性的文雅和阴柔之美。

另外，在把握语气时还要注意说话的场合，这一点也是十分必要的。一般来说，场面越大，越要注意适当提高声音，放慢语速，把握语气上扬的幅度，以突出重点。相反，场面越小，越要注意适当降低声音，适当紧凑词语密度，并把握语气的下降趋向，追求自然。场合不同，应使用不同的语气。在谈话的场合和演讲的场合、论辩的场合和对话的场合、严肃的场合和轻松的场合、安静的场合和嘈杂的场合等，都要根据情况使用不同的语气。

我们说话时，不仅要注重遣词造句，更应该选用恰当的声和气。否则，再美的词语也会失去光彩，还很有可能引起听者的猜疑、妒忌、不满、反驳、敌视、唾弃和嘲笑。

声音和语调是女人的第二张面孔

声音是女人五官、身材以外另一件犀利的武器。如果声音柔美，哪怕是嗔怪、生气，都有天籁般的美感。

自然的声音总是悦耳的，你要注意，交谈不是演话剧，无论你是什么样的语音，都应自然流畅，故意做作的声音只能事与愿违。我们所说出的每一个词、每一句话都是由一个个最基本的语音单位组成，然后加上适当的重音和语调。正确而恰当地发音，将有助于你准确地表达自己的思想，使你心想事成。

相反，不良的发音将有损你的形象，有碍于你展示自己的思想才能。如果你说话发音不当并且含混不清，这表明你思路紊乱、观点不清，或对某一话题态度冷淡。当一个人没有很大的激励作用而又想向他人传递自己的信息时通常如此。令人遗憾的是，许多女性朋友经常出现发音错误的情况，并养成了一种发音含糊的习惯。有些女性则养成了她们自以为是的一种“娇滴滴”的说话腔调，认为这样才能体现出自己的优越感及与众不同。但其结果可能是适得其反，因为这种“娇滴滴”的声音会使他人感到极不自然，从而产生一种本能的抵触情绪。

语调给人们的印象是非常重要的。美国《今日秘书》杂志中一篇题为《你的语调会妨碍你的前途吗》的文章，以旧金山一位办公室女性的经历为例，说明了说话语气的重要。这位女士刚从一所有名的商业学校毕业，品学兼优，她受雇于一家大公司，其水平达到了作为一位办公室工作人员所应具备的水平，令人刮目相看。然而上班刚满两星期，她忽然接到被解雇的通知,原因是她那刺耳又鼻音很重的语调使其雇主不胜其烦。这位失业的女士租了一部录音机,对照自己的发音,反复矫正,终于能用较为悦耳的语调说话了,很快她又谋得了一个高薪职位。

看来,女人的声音是可以训练的,这跟女人的形体一样。现在满街都有训练形体的机构,就是没人去开一间训练女人声音的机构。有些女人形体不错,但一发声,男人就想跑。不少女人认为,声音是天生的,由不得自己。其实,这种观点不对。女人不注意声音的培训,往往会使凤凰变乌鸦,失去声音的魅力。所以,女人要像训练形体一样去训练声音,声音不仅能增加女人的自信,还能在关键时刻帮助女人改变自己的命运。

女人温柔的声音能征服和麻醉男人,越有阳刚之气的男人,越容易被温柔的女人声音迷惑。有人说,女人温柔的声音是酒,男人即使是钢筋铁骨,在温柔的声音面前,也会变得很脆弱。

女性朋友在通过说话的方式进行人际交往时,要注意两种声音:鼻音和尖音。用鼻音和尖音说话,在交往中具有破坏性的效果。用鼻音说话,尤其是初次与人交谈时,往往会给人一种无精打采的厌烦之感;而尖音给人的感觉很刺耳,使人神经紧张,容易破坏谈话的气氛。

纠正鼻音必须努力减少心理紧张,放松下颚、舌头,张开喉咙,使声音可以由此散发,而不从鼻孔中遁出。此外,平时还应多作放松喉咙的训练。尖音的消除当然也离不开心理因素,因此要做到心平气和。

拥有良好的心态和愉快的心情,说话时的语调也会随之变得柔软。这样,你就不会因为你的声音而阻碍与他人进行良好沟通,你的人际交往也会变得轻松而愉快。

礼貌待人，言谈间展现出你的高素养

我们生活的国家是著名的礼仪之邦，讲究礼数向来是中国人引以为豪的传统美德。而这种对礼仪的崇尚在与他人的谈话中也有所体现。

女性朋友在交谈中要体现出敬意、友善、得体的气度和风范。要做到礼貌交谈，首先就要使用礼貌用语，如“请、谢谢、您好、再见、对不起、打搅了”等。女性朋友在交谈中多使用礼貌用语，是博得他人好感与体谅的最为简单易行的做法，也是交谈的技巧之一。

“您好”是一句标准的问候礼貌语。在口语交谈中，都会遇到相识者与不相识者，不论是深入交谈还是打个招呼，都应主动先向对方问一声“您好”。若对方先问候了自己，也要以此来回应。在有的地方，人们习惯以“你吃了饭没有”“最近在忙什么”“身体怎么样”“一向可好”等来打招呼，问候他人，但都没有“您好”简洁通行，而且效果也非常好。

“请”是一句礼貌语。在要求他人做某件事情时，居高临下、颐指气使不合适，低声下气、百般乞求也是不对的。在此情况下，多用上一个“请”字，就可以逢山开路、遇水架桥，赢得主动，并得到对方的照应。聪明的女性朋友与人相处时，说个“请”字，既不费力，又不花钱，何乐而不为？

在任何一部汉语词典里，很少有词语一讲出就能立刻赢得一个人的好感，起到化敌为友、抚平自私心理、提高自尊心的作用。然而，“谢谢”这个词却有这个魔力。但“谢谢”却常常被人轻视，或因太简单而被忽略，以致许多人因此而与好人缘失之交臂。我们常常听到这种抱怨——“我并不介意做所有这些事，只要他每次能说声‘谢谢’”，或者是“我为她做了那么多，她连声‘谢谢’都不会说”。

如果你想成功地开展工作和取得与别人合作的机会的话，说声“谢谢”本

是世界上最容易、也是最为可靠的办法，更不用说赢得友谊和影响别人了。

与人交往，难免说错话、做错事，也就难免得罪人，有时甚至给人家带来精神上的巨大痛苦和经济上的巨大损失。对此，若是能及时认识到自己的错误，诚恳地向人家道歉，并主动承担责任，一般情况下，总是能得到别人的原谅的。

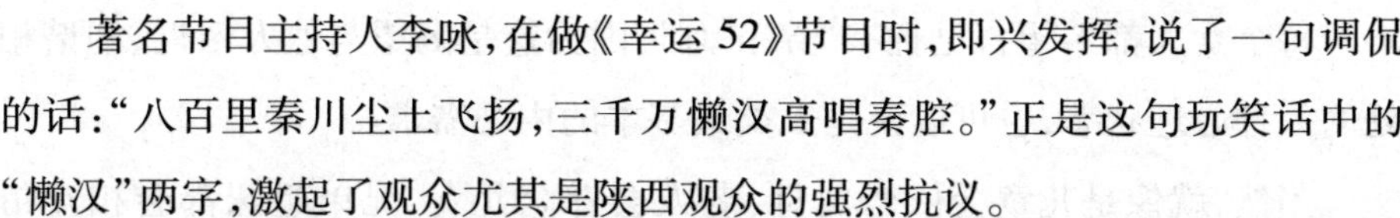

著名节目主持人李咏，在做《幸运52》节目时，即兴发挥，说了一句调侃的话："八百里秦川尘土飞扬，三千万懒汉高唱秦腔。"正是这句玩笑话中的"懒汉"两字，激起了观众尤其是陕西观众的强烈抗议。

其后，李咏在自己博客中郑重道歉，他说："作为一名工作多年的主持人，我当然明白观众对我意味着什么，所以此时此刻，我再说什么临场发挥、即兴调动等解释都是很苍白的，都无法表达我此时此刻的不安。我现在唯一能做的就是要向那些因为我说的话而受到伤害的观众朋友，表示深深的歉意。"

这篇博客贴出后，20小时内收到1000余条回复，超过一半的留言表示可以原谅他。李咏金牌主持人的形象，总算没有受到太大的损伤。

道歉是一个人心胸开阔的体现，同时也表现了他的风度和修养。倘若你发现自己错了，又不及时向别人道歉，反而千方百计找借口为自己辩解，其结果不仅得不到别人的谅解，相反，还会受到道德上的谴责和人格上、形象上的损害，使你失去朋友、失去友谊。因此，任何人都不能小看道歉的作用。

说到底，礼貌其实就是对于他人的尊重。在交际场合，我们要注意给别人发表意见的机会，另一方面在别人讲话时，也应适时发表个人的看法。对于对方谈到的不便谈论的问题，不应轻易表态，可转移话题。要善于聆听对方的讲话，不要轻易打断，不提与谈话内容无关的问题。在相互交谈时，目光应注视对方，以示专心。别人讲话时，不要左顾右盼、心不在焉，或注视别处、老看手表等，也不要做伸懒腰、玩东西等漫不经心的动作。

女性朋友如果想接通感情的热线，使交际畅通无阻，就需要不断提高礼貌修养，让人感觉到你的热情和分寸。

用微笑打造你的亲和力

每个女人都希望自己拥有“亲和力”，因为这是渴望与他人亲近、和谐相处的一种心理状态，也可以说是人类最基本的内心需求。

当然，就像是儿童会依恋父母、老人会眷念儿女、兄弟姐妹都会相互帮助一样，人生的旅程也是靠这种相亲相依的关系走完的。

这种亲和力，既是使情感归依的起因，也是激发人际交往的动力，它对平衡人类心理、克服势单力薄之不足，起着非常好的调节作用。

张琳在一家新成立的广告公司任办公室主任，她所在的办公室兼具行政管理、后勤管理、人事管理三大职能，工作的繁忙和细琐程度自不用说。张琳的前任无论从学历、经验还是从工作态度和魄力上来讲都不比她差，甚至有些方面还超过了张琳，但最终工作做了不少，却得不到同事和上司的认可，大家都觉得她很傲慢，最后被迫离职。总结前任失败的教训，张琳得出一个结论，那就是培养自己的亲和力，和员工打成一片。

广告业的竞争很激烈，广告业务员的工作压力都很大，他们最希望自己的工作能够得到公司的支持和理解，如果他们在与各种各样的客户周旋之后，能够在公司听到鼓励的话，看到一张亲切的笑脸，心里一定会充满浓浓的温情。面带微笑的人总是在向同事传递着这样一种信息：我很欣赏你，我也很信任你，我愿意成为你的朋友，我们会合作得十分愉快。

现在，无论工作有多重、多繁琐，张琳都从不会表现在脸上，总是保持一副亲切的笑容。她拟定的“绩效考评措施”在公司内部也得以顺利实施，公司的业务量也明显上升了。

关系融洽，心情就舒畅，这不但利于做好工作，也利于自己的身心健康。倘若关系不和，甚至有点紧张，那就没滋没味了，这不仅会导致工作开展困

难，也会有损于自己的形象。

提到塑造自己富于亲和力的形象，大家首先应该想到的是热情主动，广泛地与人交流等。正确做人的态度和说话的方式当然重要，但都不如一张微笑的面孔来得简单有效。笑是人类肢体语言中最富有感情色彩的，而微笑则是最容易打动人心的。

在所有适合女性的职业中，空姐最受男人的青睐，我们前国家队的足球运动员中，就有好几位著名的球星娶了空姐。最阳刚的男人，往往最容易迷失在女人最柔美的微笑里。许多男人都表示，他们宁可在快乐的气氛中喝粥，也不愿意跟一个哭丧着脸、像冰山一样的女人一起吃牛排。

美丽的微笑是发自内心的。微笑时，牙齿微露，双唇轻启，嘴角微微向上弯翘的同时会带动面部肌肉内部完全舒展。因此，人们常说微笑是女人脸上永恒的化妆品。被称为"乒后"的王楠，曾多次获得世乒赛大奖，不仅她的高超球艺征服了广大观众，她那甜甜的微笑也给人们留下了深刻的印象。如果说邓亚萍凌厉的眼神、果敢的呐喊震慑了对手，那么王楠的微笑则使场外的观众都对她无限迷恋。

如果你经常微笑，你的心情就会好。长期多次重复的表情，也会在你的脸上留下一些痕迹。如果你想今天为明天的魅力做点什么的话，那么你就尽量保持乐观情绪，你的面部表情也会慢慢变得柔和美丽起来。

一个女人心态越好，精神生活就会越丰富，亲和力就越强，心理发展也就越平衡。只要你的亲和力动机纯正，就会赢得许多朋友，就会在人生的道路上一帆风顺。

说话简明扼要，做精致女人

清代画家郑板桥有诗云："削繁去冗留清瘦。"当今语言大师们也认为：

言不在多,达意则灵。可见,用最少的字句,表达尽量多的内容,是当众说话水平的最高境界。滔滔不绝,出口成章,是一种"水平",而善于概括,一语中的,同样是一种"水平",而且更为难得。

耶稣讲的伟大的"登山宝训",在5分钟内可以诵毕;林肯的葛底斯堡讲话,被誉为美国历史上最优美的一篇演说词!只有10句话,271个字,仅用2分钟,却成为林肯一生不朽的纪念!而另一位议员艾弗瑞特滔滔不绝地讲了两个小时,但他讲了些什么,人们早已忘记了。

其实,任何事物,不管是多么复杂的现象,多么深奥的思想,只需抓住它的核心,就相当于找到了一把钥匙;只要抓到它,就能提纲挈领,一通百通。在与人交往的过程中,也将会收到"画龙点睛"的效果。古语说:兵不在多而在精——说话也应以"精"为好。

《红楼梦》中贾元春省亲,见了久别而又热盼的弟弟贾宝玉,百感交集,自然应有一肚子话要说。然而,曹雪芹笔下的元春并未发表长篇大论的思念之词,而是拉起弟弟的手,只说了一句话:"又长高了……"继之泪下如雨。在这里,元春说得实在太少了,但是,却使我们更加强烈地感到了她痛苦的内心活动,收到了"以少胜多"的效果。如果让元春滔滔不绝地说这说那,即使言辞中可以加上善于表示痛苦的成分,人们的心灵也不会被这"又长高了"四字触动得那么剧烈。

"言不在多,达意则灵。"无论在什么场合,女性朋友讲话要语不烦乱,字字珠玑,简练有力,使人不减兴味。冗词赘语,唠叨啰唆,不得要领,必令人生厌。

要做到措词简洁高雅,在谈话中应该着重注意以下几个方面。

1. 要尽量简明扼要

说话一般是越简明越好,有些人在叙述一件事情时说了很多话,但还是无法把他的意思表达出来。听者花了很多时间和精力,仍然不知道他想说明什么事情。如果你犯有这种毛病,一定要矫正。矫正的最好办法是,在说话之前,先在脑子里作一个初步的计划,然后再把计划要说的东西讲出来。

2. 用语不要过多重叠

在汉语里，有时的确要使用叠句来引起别人的注意，或者加强语气。但是，如果滥用叠句，就会显得累赘。例如，许多人在疑惑不解的时候常常会说："为什么为什么？"其实，一个"为什么"就足以表达你的疑惑之情，为什么偏要多加一个呢？还有的人答应别人一件事情的时候，常常说："好好好……"一连说上好几个，其实，说一个"好"就足够了。如果你有这个毛病，还是改一下比较好。

3. 要避免口头禅

有些人在交谈中非常爱说口头禅，诸如"岂有此理"、"我以为"、"俨然"、"绝对的"、"没问题"一类的话几乎是脱口而出，不管这些话是否与所说的内容有关联，这类的口头禅说多了，不仅会影响说话的效果，还很容易被别人当做笑柄。

4. 不要滥用术语

太深奥的词如专用术语不可多用。如果不是同一个学科讨论学术问题或不得不用时，过多地使用专业术语，即使你使用得很恰当，也会给别人留下故弄玄虚的感觉。满口诸如"形而上学"、"一元论"、"二元论"、"沙文主义"等术语，不懂的人认为你在炫耀才学，而听得懂的人则认为你非常浅薄。

在当今的信息时代，人们的生活节奏大大加快了，人们不喜欢那些穿靴戴帽、庞杂冗长、繁文缛节的空话套话。说话要达到简洁、明快，就要千锤百炼，使自己的词汇富足、思路清晰。如果在说话时能措词简洁、生动、高雅而又贴切，那么你就可能成为一位交际明星、说话好手。

上篇：智慧女人，一开口就讨人喜欢

第2章 慧心魅语，女人怎样开口更受他人欢迎

做人固然要正直，但并不意味着说话也可以直言不讳。太过于唐突的直言，有时就是一种消极、否定的语言暗示，不仅使人抵触反感，还会让人顾虑重重，甚至增加心理压力。

说话含蓄，是一种艺术："言有尽而意无穷，余意尽在不言中。"重要的、该说的部分故意隐藏起来，或说得不显露，却又能让人明白自己的意思，这就是所谓的"只可意会，不可言传"。

委婉说话不仅是一种策略，也是一门艺术。

直截了当地说话，很容易伤到别人

有的人说话，经常不掩饰自己的情绪，不管什么场合，也不问对象是谁，不考虑说话会引起什么后果，心里有什么就说什么，直来直去，结果无意中便得罪了别人。在客客气气的社交谈话中，直话直说是致命伤。别误解，这不是在鼓励说谎。这里讲的是一种高深艺术，一种和斗牛相似的艺术。谈话的高手能够像斗牛勇士一样，挥洒自如地应付、躲避灾难。

“快人快语”在人际交往中容易得罪他人，会让你在人际关系上屡遭挫折。虽然有些话是实话，但是也不要直说，正所谓“话到嘴边留三分”，而揭人短的老实话更是万万不能轻易说出口。

张小姐在某国家机关做办公室人员，她性格外向，爱说爱笑，快人快语。每当就某件事情征求她的意见时，她总是直来直去地说话，而且总是揭别人的“短处”。有一次，同一部门的同事穿了件新衣服，别人都称赞“漂亮”、“合适”，可当人家问张小姐感觉如何时，她便毫不犹豫地回答说：“你身材太胖，不适合。这颜色对于你这个年纪的人显得太嫩，根本不合适。”

这话一出口，原本兴致勃勃的同事的表情马上就僵住了，而周围大赞衣服如何如何好的人也很尴尬，因为张小姐说的话就是大家都不愿说的得罪人的“实话”。虽然有时她也很为自己说出的话不招人喜欢而后悔，但她总是忍不住说些让人接受不了的实话。久而久之，同事们把她排除在集体之外，很少就某件事再去征求她的意见。她也成了这个办公室的“外人”。

英国思想家培根说过：“交谈时的含蓄与得体，比口若悬河更可贵。”做人固然要正直，但并不意味着说话也可以直言不讳。

在日常生活中也有这样的例子：当你要求别人做一件事，或是指责别人哪里有过失的时候，你要尽量选择让对方感到有回旋余地的话来说，仿佛把主动权送给了对方。例如某一同事衣帽不整，有损自己的形象，你可以说："这样还算挺好的，但如果能够再把这个颜色换一下，会更好些。"这样的话语就会使人乐于接受。

委婉的语言能曲折地表达自己的意思。听者会感到你是为他着想，或者感到合情合理，这就容易达到自己需要的效果。

在言谈中，有驾驭语言功力的聪明女性，就会自如地运用多种委婉的表达方式。她们知道，生活中并非处处都能"直"，有时还非得含蓄、委婉些，才能达到最佳的表达效果。

小珊和老公星期天去婆婆家吃饭，看见小姑子穿了条新裙子，猜想是婆婆买的，自己也很喜欢，就故意对小姑子说："好漂亮的裙子，从哪里买来的？真有眼光！"婆婆在一旁答话："从对门商场买的，刚到的货。我先买了一条，让你们穿上试试，要看中了，下午再买一条，你们俩一人一条。"

如果小珊直接问裙子是否是婆婆买的，不但自己得不到裙子，而且可能会惹得婆婆不高兴。采用婉转含蓄的说话方式，旁敲侧击，则会起到意想不到的神奇效果。

说话含蓄，是一种艺术。同样的意思，换一个角度，委婉含蓄地把话说出来，听者会觉得很受用，而且越揣摩，似乎含义越深、越多，因而也就越有吸引力和感染力。同时，对有矛盾和有意见的人含蓄说话，还会使矛盾在委婉之中不知不觉的化去火力，既不激化矛盾，又能解决矛盾，使人与人之间的关系更加和谐，使自己的说话形象更易于被人接受。

委婉含蓄地说话，也是待人周到的表现。作为一个现代女性，应当有这种文明意识——掌握这一有利于人际交往的语言表达方式。

口误时，要懂得“溜缝儿”的语言技巧

在紧张的生活中，人的精神状态总会有松懈的时候，一不小心说错话也是难免的。说出去的话，就像泼出去的水，虽然很难收回来，但却可以用妙语给予弥补。而这时，最重要的就是要镇定自若、处变不惊，飞速地转动大脑思考弥补口误的方法。只要你是个精于处世的人，就可以将口误修补得天衣无缝。

某校某班在一次高考中，数学和外语成绩突出，名列前茅。校长在评功总结会上这样说：“数学考得好，是老师教得好；外语考得好，是学生基础好。”

在座的老师们听罢后讨论得沸沸扬扬，都认为校长的说法显得有失公正。一位教师起身反驳：“同一个班，师生条件基本相同。相同的条件产生了相同的结果，原是很自然的事，而这种不公平的对待，实在令人费解。原有的基础与而后的提高，有相互联系，不能设想学生某一学科基础差而能提高得快，也不能设想学生某一学科基础好而不需要良好的教学就能提高。校长对待教师的劳动不一视同仁，将不利于团结，不能调动广大教师的积极性。”

会场有人轻轻鼓掌，然后是一阵静默。而这种静默对校长来说似乎比掌声更有压力和挑战意味。校长没有恼怒，反而“嘿嘿”地笑起来，他说：“大家都看到了吧，老师能言善辩，真是好口才。很好，很好！”

尽管别人猜不透校长说这话的真实意思，然而却不得不佩服他的应变能力：他为自己铺了台阶，而且下得又快又好。听了上述回答后，无人再就此问题对校长跟踪追击。

任何人在论战中都难免发生口误，任何一方都可能遇到强劲的对手，若一方稍有不慎，就会被强敌抓住把柄而击中要害。此时，聪明的人既不能强辩，又不可狡辩，否则将失败得更惨。为了终止已造成的失误，最好顾左右而言他，改变话题的方向。

在社交活动中，任何一个人在说话的时候都可能发生口误。虽然发生口误的原因各不相同，但都会给说话的当事人带来很多麻烦。一些女性朋友在遇到这样的事情时，常常会因口误羞得满脸通红，不知所措。既然已发生口误，就要动脑子，想办法补救语言上的失误，以挽回自己的面子。

一位演说家对听众说："男人，像大拇指（做手势）；女人，像小指头……"话未说完，全场哗然，女听众们强烈反对他的比喻，他没法再讲下去了。怎么办？他立刻补充道："女士们，大拇指粗壮有力，而小手指则纤细、灵巧、可爱。不知哪位女士愿意颠倒过来？"一句话平息了女听众们的愤怒，一个个相视而笑。

值得强调的是，出现口误后，最重要的一点就是要及时发现，不失时机地用巧妙的语言加以弥补，否则等他人都注意到你的口误后，再想化解难堪就不那么容易了。

李琼是一名商务推销员，在一次商务交谈中，由于推销得比较顺利，谈得尽兴，竟不小心把自己曾推销给别人的价格顺嘴说了出来，结果是刚刚谈成的生意眼看就要泡汤。这时李琼不慌不忙，很冷静地找出理由：给别人的价格低是因为不能保证质量，而且在某些地方没有应用新材料和新技术等。通过诚恳的解释，李琼终于在危机中为自己挽回了这笔生意，同时也为自己挽回了面子。

在社交中，发生口误在所难免，但关键是要看一个人的应变能力，应变能力能反映一个人的机智和修养。当然，应变能力是以人生经验为基础的，只有多次实践，并总结经验，人才能变得聪明老练。

在实践中，遇到失言的情况，有三个补救的小技巧可供参考：

1.移植法，就是把错话移植到他人头上。如说："这是某些人的观点，我认为正确的说法应该是……"这就把自己已出口的某句错误纠正过来了。对方虽有某种感觉，但是无法认定是你说错了。

2.引申法，迅速将错误言辞引开，避免在错中纠缠。即接着那句话说：

"然而正确说法应是……"或者说:"我刚才那句话还应作如下补充……"这样就可将错话抹掉。

3.改义法,即巧改错误的意义。当意识到自己讲了错话时,干脆重复肯定,将错就错,然后巧妙地改变错话的含义,将明显的错误变成正确的说法。

女性朋友只有不断增强自己的应变能力和加深处世功底,才有可能在发生口误时化险为夷,以巧补拙,使自己摆脱尴尬境地,并在交际中取得良好的效果。

旁敲侧击,胜于直截了当

生活中有些女人快人快语,有啥说啥,口无禁忌,嘴无遮拦,假如在一个熟悉的环境里,大家彼此比较了解,知道你的个性,可能这还算你的可爱之处。假如在不熟悉的环境中,不分场合地点,不分谈话对象,心里想什么就说什么,这是万万不可的。由于多方面原因所限,你不能保证你想的都对、说的都对,而且听话人的接受能力也不同。不分青红皂白、不讲究方式方法的直言快语,往往会带来不良后果——轻则使人下不来台,重则造成隔阂,遭人怨恨。

女性朋友在社会中,要想获得做人的成功,必须懂得察言观色,最好在说话时巧妙地拐个弯儿,千万不要直言直语。因为每个人都需要自尊,需要面子。直来直去,实际上就是故意不给人面子,使对方心中不快,以致造成双方关系破裂,甚至反目成仇。

某家旅店的服务员,发现房客何夫人前一天晚上已经结了账,可今天仍然住在房间里,而这位何夫人又是经理的好友,怎么办呢? 如果直接去问何夫人何时启程,就显得很不礼貌,但如果不问,又怕何夫人赖账。

大家商量后决定由一位善于谈话的公关部李小姐去和何夫人谈谈。李小姐敲开了何夫人的房门，说：“您好！您是何夫人吗？”“是啊！您是谁？”李小姐回答说：“我是公关部的，您来几天了，我们还没有来得及看您，真是不好意思。听说您前几天不舒服，现在好点了吗？”“谢谢您的关心，好多了。”“听说您昨天已经结账，今天没有走成，这几天天气不好，是不是飞机取消了？您看我们能为您做点什么？”“非常感谢！昨晚结账是因为我的朋友今天要返回，我不想账积得太多，先结一次也好，大夫说，我的病还需要观察一段时间。”“何夫人，您不要客气，有什么事只管吩咐好了。”“谢谢！有事我一定找你们。”

李小姐去找何夫人谈话，目的是要弄清楚，何夫人到底是走还是不走。如果不走，就弄清楚原因。但这个问题不好开口，弄不好既得罪了何夫人，又得罪了经理。李小姐的话说得非常圆润，先是寒暄一下，然后又问何夫人需要什么帮助，一副非常关心的表情，使何夫人深受感动，并且不知不觉中说明了原因。

在生活中，还有这样一种情况：有话直说，和盘托出自己的目的，常常会激起对方的逆反心理，因为谁都不愿意被人牵着鼻子走。这时你不妨换一种含蓄一些的表达方式，让对方在心理暗示的影响下，不知不觉中帮你达成心愿。

一位穿着华贵的夫人走进时装店，对一套时装很感兴趣，但又觉得价格昂贵，犹豫不决。这时一位营业员走过来对她说，某某女市长刚才也看好了这套时装，和你一样也觉得这件时装有点贵，刚刚离开。于是，这位夫人当即就买下了这套时装。这位营业员能让这位夫人买下时装，是因为她很巧妙地抓住了这位夫人“自己所见与市长略同”和“市长嫌贵没买，她要与市长攀比”的心理，用激将的方法巧妙地达到了让夫人买下时装的目的。

试想：如果营业员开门见山地直接推销这套时装，恐怕不能做成这笔生意；而拐弯抹角地说，却促成了这笔生意。

由此可以看出，采取拐弯抹角的说话方式会起到意想不到的效果。女性朋友在生活或是工作中，对于某些有时不能直说而又必须去说的事情，不妨采取拐弯抹角的方法，这样既不让人反感，又能达到自己的目的。

当然，拐弯抹角也是有讲究的，要因时、因人而异，并不是所有的时候、所有的事情都要拐弯抹角地去说。在具体运用的时候，女性朋友一定要认真思考，灵活运用，要想达到理想的效果，就要看你说话有没有“心计”了。

谈话时要善于化解那些棘手的话题

我们在与人交谈时，有时难免遇到一些自己不愿回答的问题，或一些尴尬的场面，这时就需要转换话题，摆脱不利局面。特别是身处窘境时，沉着稳重更有助于提供化解尴尬。

在人际交往中，有时由于双方身份不同或处境不同，可能使一方处于十分不利的地位。当势力强大的一方故意发难时，弱方用硬碰硬的办法与之争斗是会吃亏的。要想既坚持原则又获取胜利，最好的办法就是以软击硬，绵里藏针，用含而不露的口才去战胜对手。

武则天原名武珝，本是唐太宗宫里的才人，太宗对她倍加宠幸。公元694年，唐太宗因误服金石丹药，一病不起，他自己明白将不久于人世，但又舍不得才貌过人的武媚娘，于是便有让武媚娘殉葬的意思。这天，太宗对武媚娘说：“你侍候寡人多年，寡人也最宠爱你。寡人想效法古代帝王的葬礼……”话没说完，太宗又咳嗽起来。聪明绝顶的武媚娘稍加思索，立刻说：“万岁，安心养神吧！臣妾明白万岁的心情。只是万岁您思虑太多，万岁是英明君主，恩德好比太阳的光芒普照人间大地。古人云：大德之人，必得长寿。万岁的龙体目前虽有小恙，但很快就会康复的，我根本没想过万岁会舍下臣妾。我生与万岁共享人间富贵，死与万岁同坟共穴。臣妾现已下决心，立即去感业寺削发为尼，念经拜佛，为万岁祈祷长生不老。”听到武媚娘这么说，太宗只得应允。

武媚娘凭自己的聪明才智，阻止了太宗说出的“殉葬”二字，这个棘手的话题被武媚娘当机立断、伶牙俐齿地巧妙转移了。终于，武媚娘得以死里逃生。

在特定的环境下，对于已定的棘手话题，女性需要思维敏捷，应变能力强，善于见风使舵。

的确，在千变万化的生活中，什么样的怪问题都可能碰到，而对付这些怪问题的最佳方案，就是利用语言的多义性做出迅速灵巧的应变，切不可被某个问题困死而陷于被动，自然，这种灵活的应变能力也将会使你走出困境，走向成功。

在湖北农村有个风俗习惯，家里来了贵客，以鸡蛋为敬。有位老汉到妹妹家做客。刚巧在外面读书的外甥女也在家，她主动为舅舅烧火煮蛋。谁知端到桌上后，舅舅拿着筷子迟迟不吃。她妈一看，糟了，舅舅碗里是6个鸡蛋。这是人们最忌讳的，它的谐音是“禄断”。妈妈责怪女儿说：“你怎么给舅舅6个鸡蛋呢？你知道念起来是什么吗？”女儿毕竟是聪明人，一下子明白了含义。她从容不迫地说：“您怎么那样看呢？依我看，一个鸡蛋一个椭圆体，满满的红心白肉。6个鸡蛋象征舅舅已经稳稳妥妥、圆圆满满地度过了60几个春秋。这就是福，合起来就是有福有禄。我再敬舅舅一个鸡蛋。”说着，从自己碗里夹起一个鸡蛋给她舅舅，“祝舅舅健康地进入60岁高龄。等到舅舅70岁生日时，我再来敬送鸡蛋，祝舅舅健康长寿。”一席话，说得她舅舅眉开眼笑。

对于某些棘手的话题，有时在不必要、不可能或不便于把话说得太实太死的情况下，要学会随机应变，求助于表意上具有“弹性”的模糊语言。避开实质性的问题，故意用模棱两可的语言做出具有弹性的回答，既无懈可击，又为以后说话办事留有余地。第二十四届奥运会在汉城举行，第二批中国奥运代表到达汉城时，记者纷纷问带队的李梦华：“中国能拿几块金牌？”“中国能超过韩国吗？”李梦华答道：“10月2日以后，你们肯定能知道。”记者又问：“中国的新华社曾预测能拿8至11枚金牌，你认为客观吗？”李梦华回答得很巧妙：“中国有充分的言论自由，记者怎么想，就可以怎么写。”赛场风云

突变，谁也无法做出准确的判断，显然，在这种情况下，李梦华做出了留有余地的模糊回答。

语言是思维的外衣，培养应变能力首先要着眼于思维训练。古人说的“慧于心，秀于口”，就是这个意思。女性只要加强思维训练，就能使自己在语言感受的敏锐性、思维的敏捷性、判断的准确性、表达的即时性等方面前进一步。

懂得变通，到什么山唱什么歌

女人在交际法则中，要做一个处世高手，一个受人欢迎的人，就应当说话分场合，即所谓“上什么山，就要唱什么歌”。

在什么场合说什么话，是人们在长期交际实践中总结出来的经验。场合就是谈话的社会环境、自然环境和具体场景，具体场景又涉及谈话的时间、空间及周围环境。它们虽然无言，却在言语交际中起到不可低估的参与和影响作用。谈话双方对于话题的选择与理解、某个观念的形成与改变、谈话的心理反应以及交谈结果，无不与场合有直接联系。这就要求女性朋友在谈话时必须考虑到场合影响，并有意识地巧妙利用场合效应。

我国传统文化一向是重视内外有别的。对自己人可以无话不说，甚至可以说些放肆的话，什么事都好办；而对外人，总会有所防备，“逢人只说三分话，未可全抛一片心”。再者，你说错话，自己人可以包容，而外人就不好说了。因此，遵循内外有别的界限谈话，人们认为是得体的，违反这一界限，便被认为是“乱放炮”，说话不得体了。

女人在面对熟人时可以不拘礼节，对熟人实话实说、直来直去被视为信任、亲近；而对于陌生人，以及性别、年龄、宗教、信仰、地位、学识、经历、立场、观点、方法等不一样的人，直来直去则会显得不妥当。

在历史事实中，往往那些君子大忠却似奸，他们说话疾言厉色，也是出自于苦口婆心，说话直截了当、显露山水，可是祸却从口出；而那些小人大奸却若忠，说话喜欢谄媚，拍别人马屁，其实他们内心非常可恶，计较利害，福却从口中来。因为他们懂得见人说人话，见鬼说鬼话。从不同角度看事物就会有不同的道理，你说你有理，他说他有理，而说话之理，光用一个难字也表达不出它的深奥来，往往那些不会说话的人，也都是因为不会说话而感到特别烦恼。说话是一门深奥的学问，需要你去慢慢理解。

正因为受特定人际关系和场合的制约，有些话只能在某些特定场合说，换一个场合就不行。同样一句话，在这里说和在那里说也有不同的效果。因此，在人际交往中，女人在说话时一定要顾及场合、环境，这种才有利于沟通。不顾及场合的心直口快是不值得提倡的。

小王和小张平时爱逗闷子，几天没有见，一见面一个就说："你还没有'死'呀！"对方也不计较，回一句："我等着给你送花圈呢！"两个人哈哈一笑了事。后来小王因病重住进了医院，小张去医院看望，一见面想逗逗他，又说："你还没有死呀？"这一次，小王变了脸，生气地说："滚，你滚！"把他赶了出去。

人家正在病中，心理压力很大。小张在病房里对着忧心忡忡的病人说"死"，显然是没考虑场合，人家怎能不反感、恼火？其实，小张说这话也是好意，想让对方开开心，只可惜他在思想上缺乏场合意识，不该在这种场合开玩笑，才闹出了不愉快。

俗话说"一句话把人说笑，一句话把人说跳"，说的就是这个道理。这就要求我们在说话时，要注意场合，增强场合意识，懂得在不同场合对说话内容和方式的特定限制和要求，并时时不忘看场合说话。

在喜庆的场合应讲一些轻松、明快、诙谐、幽默的话语，在悲痛的场合应讲一些与场合的氛围相融洽的话语。这是起码的要求。如果不注意这一点，说话就容易引起别人的反感。

去别人家做客，要谢谢主人的邀请，盛赞菜肴丰盛可口，并看实际情况，称赞主人的室内布置，小孩的乖巧聪明……

赴宴时，要称赞主人选择的餐厅和菜色，当然感谢主人的邀请这一点也绝不能免。

参加酒会，要称赞酒会的成功，以及你如何有“宾至如归”的感受。

参加会议，如有机会发言，要称赞会议准备得周详。

参加婚礼，除了菜色之外，一定要记得称赞新郎新娘的“郎才女貌”。

到什么场合说什么话，需要有相当的经验。面临着各种各样的场合，面对着各种各样的人物，一个聪明的女人能分清场合，选择最恰当的方式说话，使自己的谈吐既符合场合要求，又考虑到谈话对象的承受心理，最大限度地实现与交际对象的沟通。这样可以为你增添无穷的魅力，使自己成为一个妙语连珠、谈吐不凡、受人欢迎的谈话高手。

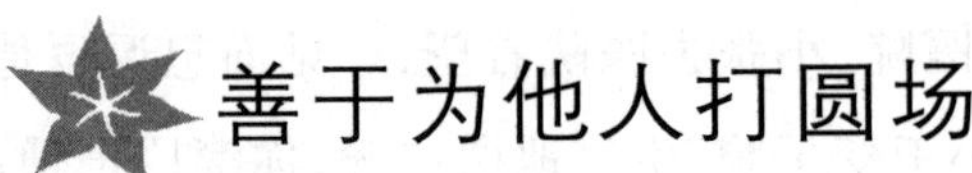

善于为他人打圆场，展现你的贴心

我们在说话办事时，有时遇到意外情况会使对方陷入尴尬境地，这时，你在给对方提供“台阶”的同时，如能采取某些妥善措施，及时为对方的面子增添一些光彩，那是最好不过的了，也会使对方更加感激你。

有一个朋友过生日，请亲戚朋友在饭店里吃饭。他还特意穿上了他以前去香港旅游时买的一件乳白色的蚕丝衬衫，自我感觉非常好。酒席宴前，他神采奕奕地向大家敬酒。结果一个朋友突然冒出了一句：“哥们儿，这衬衫可过时了啊！什么年代的东西了？看，上面什么啊，疙疙瘩瘩的！”过生日的这个朋友听了脸色很是不好看，半天都说不出一句话。有人赶紧站起来打圆场，对那个不会说话的朋友说：“你这小子外行了吧！这是蚕丝衬衫，价格贵着呢。而且这种衬衫不会有褶皱，不管多少年，照样跟新的一样。”饭桌上的其他人也立即应和着，纷纷称赞主人的衬衫珍贵而漂亮。过生日的朋友舒心地笑了，只是短短的几句话便使生日宴会又在欢乐的气氛中继续进行。

每个人都爱听好话，有时当事人十分懊恼或不快时，只要旁人说几句得体的美言，便云散天开了。

徐静正在主持婚礼。新郎新娘在众人簇拥下入席，第一盘盛满喜糖和糕点的金色塑料盘由一个帮忙的伙计端了上来。可是就在伙计把盘子放在喜桌上的时候，只听“咔嚓”一声脆响，盘子破裂了。宾客们听到刺耳的声音，目光全部扫了过来。端盘子的伙计吓了一跳，慌了神，脱口而出：“怎么是个破货？”这句话就像一声惊雷，被在场的人真真切切地听到耳朵里去了，气氛一下子紧张了。徐静见此情景灵机一动，高声说：“大喜、大喜，这叫做破旧立新、岁岁平安。”一句话使得本来十分紧张的气氛顿时又欢腾起来。

在一个喜庆吉祥的日子，由于说话人水平有限，致使欢乐高兴的气氛一下子被弄得十分难堪，后来要不是徐静会说话，圆上了场面，给伙计找了个台阶下，可以想象，场景会多么尴尬！

要想成功地打圆场，可以针对实际情况，区别对待，或用幽默的话语转移话题，制造轻松气氛；或肯定双方看法的合理性，找到双方都能接受的解决方法。具体说来，下面的处理方式都有不错的效果，我们可以根据实际情况灵活运用。

1.转移话题，制造轻松气氛

在交际场合中，如果某个较为严肃、敏感的问题阻碍了交谈的顺利进行时，我们可以暂时让它回避一下，通过转移话题，用一些轻松、愉快的话题来活跃气氛，转移双方的注意力；或者通过幽默的话语将严肃的话题淡化，使原来僵持的场面重新活跃起来，从而缓和尴尬的局面。

2.善意曲解，化干戈为玉帛

在交际活动中，交际的双方或第三者由于彼此言语造成误会，常常会说出一些让别人感到惊讶的话语，做出一些怪异的行为，从而导致尴尬和难堪场面的出现。为了缓解这种局面，我们可以采用故意“误会”的办法，装作不明白或故意不理睬他们言语行为的真实含义,而从善意的角度来做出有利于化解尴尬局面的解释,即对该事件加以善意的曲解,将局面朝有利缓解的方向引导转化。

3. 善用假设,巧避锋芒

在特定的交际场合,或碍于面子,或把握不准,这时可以用假设句去表达。

有时,与师长、上级辩论,你认定自己的观点绝对正确,不能让步,可是出于礼貌或无奈不能坚持自己的观点,在这两难境地,假设句是一种很好的解围方式。一个学生和班主任争论男生能不能到女生宿舍串门,老师一口咬定绝对不能。学生很长时间不能说服老师,又见老师似有怒意,为了结束争论,给老师一个台阶下,他巧妙地说:"如果老师说得正确,那我肯定错了。"这本是一句废话,它并没有肯定老师的观点,然而这位老师听了却不再争执。

由于附加了假设的条件,使表达变得婉转,所以问话人、说话者和涉及对象在一般情况下都能接受。

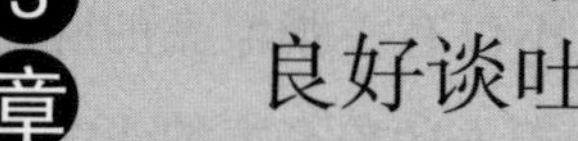

第3章 第一印象,与人初次见面时如何展现良好谈吐

在现代社会中,生活节奏快,变数多,人与人之间的交往,由“路遥知马力”变成了“短平快”。你给人的第一印象如何,往往就给以后的关系定下了基调。人际关系专家有一句名言:要给人好印象,你只需要7秒钟。能说会做的女人,就是要充分利用初次见面的契机,给人留下一个美好的印象,为以后铺平道路。

初次见面的表现直接影响到别人对你的评价

在今天,我们每天要接触海量的信息,要与一个又一个的陌生人打交道。回忆一下,你是不是有这样的印象:某一个人,其实你并不了解他,只是第一面觉得“讨厌”,于是就不想与其继续接触了。推己及人,我们自己留给陌生人的第一印象,也对双方的关系起着不可替代的作用。

人与人之间的第一次接触,彼此在心里就可以形成一个大致的评价,并直接影响以后的关系发展。

第一印象,就是两个素不相识的人第一次见面给对方留下的印象。第一印象的形成有一半以上的内容与外表有关,不仅有一张漂亮的脸蛋就够了,还包括体态、气质、神情和衣着的细微差异;第一印象有大约40%的内容与声音有关,音调、语气、语速、节奏都将影响第一印象的形成。

在我们真正了解一个人之前,在第一眼看到他时,就形成了对他的初步看法,即所谓先入为主。例如,学校里对新来的班主任、新来的插班生,单位里对新来的领导、新来的同事,与恋爱对象的第一次见面等,第一印象都会发生作用,双方都会给对方留下深刻的印象,同时双方也都力图给对方留下好印象,以作为今后交往的起点。

年轻的女性,因为环境、阅历所限,想一上来就给人一种从容镇定、堪当重责的印象是不现实的。我们所要达到的目标,也不外是让人在第一面时对我们有些好感,接纳我们,并愿意给我们提供空间。这里面切实可行而且我们自己可以控制得了的因素,首先应该是服装与风度。

犹太教里有这样的教诲:人在自己的故乡所受的待遇视风度而定,在别的城市则视服饰而定。自我推销是需要技巧的,正像推销产品一样,要有一个好的外包装吸引人的注意力,从而顺利地把自己推销出去。“先敬罗衣后

敬人”，从道德上说是不公正的，但面对现实的社会观念，我们尚无法改变。因为要对方了解你的内在美，尚需一段时间，而一个人个性的着装却可以一目了然。许多大公司对所属雇员的装扮都有规定，这是自己的形象，也是公司的形象。

一位企业家这样说过：“在商界，企业家最初的合作看什么？其实很大的成分是看衣着。有一次，我想开发一种新的产品，一位朋友给我介绍了一个合作伙伴。见面的那天，他穿着西装，里面没穿衬衣，只穿了一件圆领衫，手里拎着一个彩色手机。”

“我当时看着就很别扭。你想想，西装是多正式的着装，他弄了件圆领衫来配。典型的暴发户形象，我当时就决定，不与他合作。后来，朋友说，他很有钱，而你正缺钱。我说，我缺钱不假，可是合作伙伴这个人才是最主要的。他出钱后，他要参与，要管理，要与我共同决策，他的水平直接影响到我的生意，所以我不选择他。”

这位企业家仅凭第一印象选人是对是错姑且不论，我们从这则故事中可以看出，第一印象对于一个人的重要性。当你还没有开口说话的时候，衣服就是你的代言人，一个人的外在形象留给大家的潜在印象的差别是不可估量的。如果不想成为同行的笑柄，你的服装就必须得体；如果不想让同行或客户鄙视，你的服装就必须庄重；如果不想让人看出你的性格或爱好，你的服装就必须是保守而得体的。

对于章启月这个名字，大家一定不会陌生，她是中国外交部第三位女发言人，现任中国驻比利时大使。是她把与丝巾或色彩多变的衬衣相配的精致套装、考究发型和得体妆容（口红颜色永远和领口色调一致）带到了全世界的新闻镜头里。她同时精通多国外语，面对压力始终处之泰然，活出了许多女人想活出的生活品位。在1999年第一次主持新闻发布会后，章启月被外国媒体称作“北京美人”。她容貌端庄，反应敏捷，沉着坦然，答问简洁自如，从不拖泥带水。她代表着中国，同时代表了国家自信、沉稳的新形象。

一个人的优点可以是多方面的，比如为人善良、知识渊博、性格坚韧等，但这一切都需要一个展示的舞台。如果你第一次就把形象搞砸了，所有的优点都将失去表现的机会。女性朋友们，请注意你给人留下的第一印象，凡事都应争取一个良好的开端。

自我介绍应简洁大方又不失重点

女性的智慧，最引人注目的地方便是其交际魅力。与不熟识的人见面，通常由自我介绍或经由他人介绍开始，所以一个让人印象深刻的自我介绍是必需的。女性的自我介绍，是充分展示其交际魅力的“开场白”。仪表美，再加上一个恰当的自我介绍，是一次成功的自我推销，会使人产生想与你交往的愿望。

1990年中央电视台邀请台湾影视艺术家凌峰先生参加联欢晚会。当时，许多观众对他还很陌生，可是他说完那句妙不可言的开场白后，一下子便被观众认同并受到了热烈欢迎。

他说：“在下凌峰，我和文章不同。虽然我们都获得过‘金钟奖’和最佳男歌星称号，但我以长相难看而出名。一般来说，女观众对我的印象不太好，她们认为我是人比黄花瘦，脸比煤炭黑。”这一番话戏而不谑，妙趣横生，令观众捧腹大笑。

这段自我解嘲的开场白，给人们留下了非常坦诚、风趣、幽默的良好印象。

在生活中，豁达幽默的人总是受人欢迎的，要想在初次“亮相”时就给人留下好感，幽默是一种惠而不费的秘笈。对于有些女性来说，轻松幽默并非自己所长，那么也不必勉强自己往这方面靠，介绍自己的时候，有条不紊，重点突出，同样可以给人留下一个好印象。

初次交往的双方，都想多了解对方，又都想被对方所了解。这时女性朋友在做自我介绍时首先就要大大方方、不卑不亢，切不可羞答忸怩、吞吞吐吐、左顾右盼。应该树立自信，勇于向他人展示自己，让别人产生希望与你交往的愿望。其次，要以姿态、声音、表情的恰到好处打动人心。

一般人在自我介绍时，常常含糊地把名字念出来或递出一张名片就草草结束，其实这是浪费了制造好印象的绝佳机会。自我介绍的本事愈强，就愈能引起他人与你交谈的兴趣，因此你应善于把握自我介绍的机会。在做自我介绍时，以下几点供你参考。

1. 女性在介绍自己的姓名时，应该准确告知名字的念法和写法，声音要清晰、明朗，语速不要太快。同时，满面春风的表情，更容易给人留下良好的第一印象。即使介绍时稍有失误，微笑的表情也会帮你摆脱尴尬。

2. 简单地介绍自己的背景、嗜好、兴趣等。在介绍完姓名之后，简单地补充一些个人资料，使听者能更进一步了解你。比较得体的回答是："我在IBM负责一个小组的管理工作，主要开发一些软件。我也喜欢骑马，常常打网球，并且热爱写作。"在不到15秒的时间里，这些话不仅使你的回答增添了色彩，也为对方提供了几个话题，说不定其中就有对方感兴趣的。当有人回应"哦，你打网球？我也喜欢"时，你们之间的沟通就开始了。

3. 女性朋友在介绍自己时，一定要重视与你打交道的人，要学会随机应变。如你面对的是年长、严肃的人，你最好认真规矩些；如与你打交道的人随和而具有幽默感，你不妨也比较放松地展示自己的特点，做出有特色的自我介绍来。

女性朋友在自我介绍时少不了要提及"我"，但要把握好分寸。有的人自我介绍时，左一个"我"，右一个"我"，人们听了容易产生反感的情绪；有人把"我"的形象树立得很高大，更有甚者，一提到"我"时便洋洋得意。这样的自我介绍都不会给对方留下良好的印象。

掌握分寸，关键要以平和的语气说出"我"，要目光亲切、神态自然，这样才能使人从这个"我"字上感受到你自信、自立而又自谦的美好形象。切不可自吹自擂，一般不用"很"、"最"、"第一"这类的字眼，这样才能使对方对你产生信任感。

现在有很多人用名片代替了自我介绍，所以女性朋友更应掌握递名片的礼节。

一般递名片的顺序应是地位低的人先把名片交给地位高的，年轻的人先把名片交给年老的。不过，假如对方先拿出来了，自己也不必谦让，应该大方收下，然后再拿出自己的名片来回报。

向对方递名片时，应该让文字正对着对方，用双手同时递出或用右手递出，千万不要用食指和中指夹着名片给人。女性朋友在递名片时，应用诚挚的语调说："这是我的名片，以后多联系"，或"这是我的名片，以后请多关照"。如果自己没有带名片的话，那么要跟人家做解释："对不起，我没带名片。"

总之，女性朋友在陌生的场合，面对陌生的人，要想让自己的形象在人们心中深深地扎下根，就必须学会自我介绍。

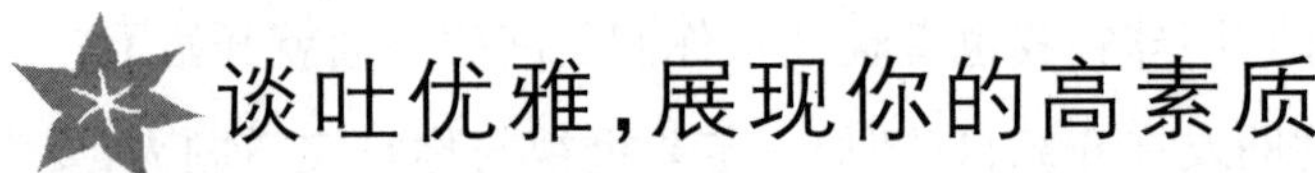

谈吐优雅，展现你的高素质

交谈，作为人类交际最直接、最常用的方法，越来越受到人们的重视。掌握这门艺术，你就会成为人们乐于结识的朋友；生于此道，就会出现"话不投机半句多"的尴尬场面。

优雅的谈吐就像整洁的仪表，会使人觉得十分愉快。如果你能习惯运用文雅的辞令，即使偶尔开个玩笑，说些俏皮话，对方也仍旧能够感受到你内在的涵养、气质，而乐于与你交谈。

相反，如果你行为举止草率，满口粗语，则会让对方认为和你谈话是件辛苦的事，甚至是浪费时间。因此，平日应该多练习谈话的技巧和优雅的举止，给对方留下良好的印象。

一个女人所说的话是否有魅力，直接影响到她是否对对方具有吸引力，也关系到她是否具有良好的人缘，同时还影响到她能否自如地与别人说话，并表现出足够的自信。说话魅力的标准是十分广泛的，所说话的内容，说话时的遣词造句，说话的语气、语调，说话时的身姿、手势、表情等，诸如此类的种种因素都可以反映出一个女人说话是否有魅力。

当年泰国正大集团结束了与几个地方台的合作，转与中央电视台共同制作《正大综艺》。双方决定要挑选一位有大学经历的女大学生做主持人，杨澜也被推荐参加试镜。

说实话，杨澜并不被人看好，只是因为她的气质较佳，所以才能一路过关斩将杀入总决赛。据一位导演透露，虽然杨澜被视为最佳人选，但是被有的人认为还不够漂亮，所以是否用她尚不能确定。

最后确定人选的时候到了，电视台主管节目的领导也到场了，他们要在杨澜与另外一位连杨澜也不得不承认"的确非常漂亮"的女孩子中间选择一人。这将是最后的选择。杨澜的好胜心一下子被激起，她想："即使你们今天不选我，我也要证明我的素质。"

有一个考试题目是"你将如何做这个节目的主持人"。杨澜娓娓而谈："我认为主持人的首要标准不是容貌，而是要看她是否有强烈的与观众沟通的愿望。我希望做这个节目的主持人，因为我喜欢旅游，人与大自然相亲相近的快感是无与伦比的，我要把自己的这些感受讲给观众听……"

杨澜一口气讲了半个小时，没有一点文字参考，她的语言流畅，思维严密，富有思想性，很快就赢得了诸位领导的赏识。人们不再关注她是否长得漂亮，而是被她的表现深深吸引住了。

当杨澜再次回到那个房间，中央电视台已经决定正式录用她了，这次面试改变了她的一生。

态度大方、谈吐优雅的女性，身上仿佛有一种神奇的"气场"，即使初次见面的人，也会被她所吸引，而她本人也会因之而拥有更好的舞台和更大的空间。

你要想做一个有魅力、谈吐优雅的女性，首先就必须培养自己良好的说话风度。所谓说话的风度，是指一个人的内在气质在言语上的表现，也是一个人的涵养的外在表现。使自己说话具有风度，是增强自己说话魅力的重要途径。良好的说话风度，往往具有很大的吸引力。但是同时要注意，你也不要为了风度而风度，结果让自己反而显得矫揉造作或搔首弄姿，毫无风度可言。你应该按照自己的个性、身份以及说话的对象和说话的场合，适宜地讲究自己的风度。

女人在与人谈话时应该知道：不要揭露他人的隐私，更不要随意“攻击”别人。这才是真正的优雅。

对人要尊敬、诚恳，要设身处地为别人着想，也就是谈话时要掌握分寸，避免说任何可能伤害别人的话。即使对方确有缺点也不可抓住不放，喋喋不休，礼貌的做法只能是委婉批评，适可而止。总之，不论谈话内容如何，只要你对别人尊敬，就能得到相应的回报。

人生在社交中度过，话语交流伴随着人的一生，优雅的谈吐不仅是你生活的调味剂，也是你事业的推进器。

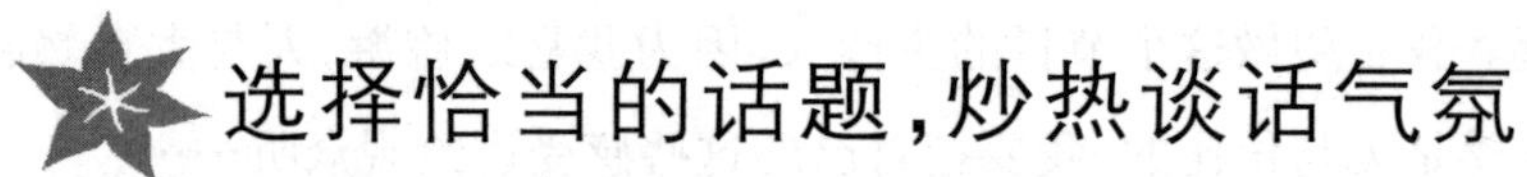

选择恰当的话题，炒热谈话气氛

俗话说得好：“一回生二回熟。”若要衡量同陌生人第一次谈话的成败，首先要审视交谈的话题，因为话题的好坏，是交谈的第一要素，直接影响了交谈的结果，不容轻视，更不能忽视。

两个人萍水相逢，素昧平生，该怎样沟通呢？许多女人对谈论的话题存在着误解，以为只有那些风趣、幽默或令人震惊的事件才值得谈起。其实，只要你稍加留心，身边的一些小事也可以让你们双方谈得兴高采烈、意犹未尽。

在与尚未熟识的人说话时，最好选择较为轻松愉快的话题，这样可以使谈话自然顺畅地展开。毕竟，沉重的话题会使大家心情沉重，有争议的话题又容易引发冲突和不快。社交场合应该是令人身心放松的愉悦之地，选择能烘托气氛的轻松话题是最明智的举动。对方不是熟识的朋友，交心自然不可取，因此轻松自如是最关键的。

女性朋友与陌生人交谈时，要看准情势，不放过应当说话的机会，适时地“表现自我”，能让对方充分了解自己。陌生人如能从你的谈话中引起共鸣、获取教益，双方会更亲近。还可以利用媒介物找出共同语言，缩短双方距离。如你见一位陌生人手里拿着一本厚书，可以问：“这是什么书啊？这么厚，您一定十分喜欢看书！”对别人的一切显出浓厚兴趣，通过媒介物引发他表露自我的心情，交谈就会顺利进行。

女性在与陌生人说话时，还需要顾及对方对事物的兴趣，顺着他的心理倾向而谈，如对一位潜心学问的学者就不能谈“股票”、“生意经”；对一位经商的人就不能谈“治学之道”。一个具有敬业精神、勇于开拓成就的人，喜欢听事业、工作方面的具体指导和建议；生活困难、穷困潦倒的人喜欢听到扶贫济困、发财致富的信息……不同的兴趣有不同的“兴奋点”，兴趣相投的人聚在一起交谈，可以激发出话题焦点的“火花”，进而产生思想上和情感上的共鸣。

有一次，著名相声演员马季到山东烟台市演出，几家新闻单位的记者纷纷前来采访，不料，马季先生一一婉言谢绝，这使记者们十分失望。这时，有一个爱好相声的女记者再次叩响了马季的房门，说：“马季先生，我是一个相声迷，我对如今的相声表演有一些自己的看法……”马季先生一听，便十分热情地接待了她。这位记者正是用她和对方共有的兴趣做文章，巧妙地打开了马季先生的“话匣子”，顺利地完成了采访任务。

恰当的话题是一种心理沟通，也是思想与感情的交流，不但有利于解决问题、推动工作、增进了解、发展友谊，而且令人心情愉快。

有人认为，素昧平生，初次见面，何来共同感兴趣的话题？这就要求女性朋友在讲话时要仔细观察对方，从他的兴趣、爱好、个性特点、水平和心情处境等入手，初次见面要做到这一点，就要由细微处见品性。只要善于寻找，何愁没有共同语言？

有一位女记者，曾与伊丽莎白女王在鸡尾酒会上做过简短交谈。一开始她就问女王，昨天是否在风雨中视察过铁矿，这使女王十分惊讶。原来女王外衣染有红褐色的矿屑，经女记者提醒才发现。由于女记者的交谈从关心女王的话题开始，自然引起了女王的好感，从而使得这次交谈十分融洽、成功。

由于女记者的细心观察，并表现出对女王的关心，必然赢得了女王的好感。由此可见，在与人交谈时，谈论对方感兴趣的话题，可以让你成为受欢迎的人。试想，谁不喜欢和别人谈论自己最喜欢和最关心的事情呢？

在人际交往中，与他人谈话要找到合适的切入点，切不可像盲人摸象般胡乱谈论，否则导致的结果就会与你的本来愿望背道而驰。

察言观色，说别人想听的话

在交际场合，很多时候需要的是"顺情好说话"。对方爱什么、恨什么；喜欢什么、反对什么，都弄清了，说话也就有了方向，有了目标，有了依据。有时，要让对方答应某一请求，直说不行，曲说反而成功了；正说不行，反说却成功了；实说不行，虚说却成功了。而人们办事儿主要顾及的是目的，而不是怎么说，只要能达到目的，怎么说有效就怎么说。所以，会说是非常重要的。而巧动心思，把话说到对方的心里，才是真正会说的表现，只要不过分，不讨人嫌恶，就会通过花言巧语办成许多事。

一位靓丽的"摩登女郎"在一个首饰店的柜台前看了很久。售货员问了一句："这位女士，您需要买什么？""随便看看。"女郎的回答明显缺乏足够的热情。可她仍然在仔细观看柜台里的陈列品。此时售货员如果找不到和顾客共同的话题，就很难营造购物的良好气氛，进而可能会使到手的生意溜走。

细心的售货员忽然间发现了女郎的上衣别具特色，于是说："您这件上衣好漂亮呀!""啊!"女郎的视线从陈列品上移开了。"这种上衣的款式很少见，是在隔壁的商场买的吗?"售货员满脸热情，笑呵呵地继续问道。"当然不是！这是从国外买来的。"女郎终于开口了，并对自己的回答颇为得意。

"原来是这样，我说在国内从来没有看到过这样的上衣呢。说真的，你穿这件上衣，确实很吸引人。""您过奖了。"女郎有些不好意思了。"只是……对了，可能您已经想到了这一点，要是再配一条合适的项链，效果可能就更好了。"聪明的售货员终于顺势转向了主题。

"是呀，我也这么想，只是项链这种昂贵商品，怕自己选得不合适……"

"没关系，来，我来帮您参谋一下……"

聪明的售货员正是巧妙运用了语言这门艺术，搭起相识的桥梁，然后就顺势引导那位陌生的女郎，最终成功地推销了自己的商品。

一个人的心理状态、精神追求、生活爱好等，都或多或少地会在他们的表情、服饰、谈吐、举止等方面有所表现，只要你善于观察，就能把话说到对方的心里。

生活中，要想使自己事事顺利，就要想办法说服别人，把不可能的事变成可能。至于能不能变，全在一张嘴上，掌握一定的沟通与说服技巧，一切皆有可能。

李小姐是一家经营办公用品公司的售后服务人员。一天，他们接到顾客的投诉，说是新买的一台碎纸机出了问题。

李小姐来到对方单位，被人引进行政办公室里调试机器。她一进门便说："哇！好气派。我很少见过这么漂亮的办公室，如果我也有一间这样的办公室，我这一生的心愿就满足了。"然后她又摸了摸办公椅扶手说："这不是香山红木吗？难得一见的上等木料。"

"是吗?"对方办公室主任的自豪感油然而生。介绍说："我们这里的装修是我亲自主持做的，从老总到同事都很欣赏呢!"于是李小姐开始向对方取经，主任带她参观了整个办公室，介绍了装修材料、色彩调配等，双方都兴致勃勃，溢于言表。

在轻松愉快的气氛中，李小姐很快调好了机器，她和主任握手再见，相约下次有机会要再次合作。

学会察言观色，留意对方身边的事物，从中了解他的心态，并把话说到他的心里，这样才能赢得对方的好感。这时，你无论办什么事，都会顺利得多。

把话说到人心里，仔细研究起来，是非常简单的。这就需要我们多用些心思，了解对方的心理，和人建立更深入的关系。

给对方的名字作一个美妙的解释

人一生下来，父母就会费尽心思地设法取个好名字。你观察一下，每个人都十分看重别人对自己名字的认识。当一个陌生人能叫出你的名字时，你就会马上产生似曾相识的感觉。

名字是一个人的“记号”，代表着一个人的一切，荣与辱，成与败，高贵与卑贱。你的名字也是你不同于他人的一个重要特征。俗话说：“人过留名，雁过留声。”对于一个人来说，名字是所有语言中最突出、最动听的声音，清清楚楚地把它叫出来，就是对他人的一种赞美，就会获得他人的好感。

当你亲切地呼出别人姓名的时候，无疑会使对方有一种受重视的感觉，从而使其产生社交亲切感，愿意与你亲近，所以，当别人给你介绍朋友时，应集中精力去记住人家的名字。在以后的交往中，一见面就能叫出他的名字，人家就会觉得你这个人很热情，很有心。

美国一位私立学校的校长深谙“叫出对方名字”的魅力，他把记住学校每一名学生的名字当成每天的作业来练习。如果是一年级新入学的学生，他就靠他们的照片来记名字。因此，当校车把学生载到学校时，校长能叫出每一位学生的名字，并寒暄一番。这对刚刚接触一个陌生的新环境、心里难免有些忐忑不安的新生来说，无疑相当于吃下了一颗定心丸。而对于支付了几千美元学费、爱子心切的家长来说，校长的招呼也使他们大为安心，因为这一切表示，校长将会很好地照顾他们的孩子。

每个人最敏感的就是自己的名字，能记住对方的姓名，不但表示你对对方的尊重，而且在你和对方见面时能准确无误地喊出其名字，一定能让对方在惊喜和满足之余对你产生好感，无形中缩短了心理上的距离。因此，千万不要小瞧了姓名，字数虽少，里面却隐藏着很大的玄机。

在很短暂的时间里，要记住一个人的名字、头衔、相貌、籍贯等，确实不那么容易。但是，记住了这些，对于别人来说却是很重要的。尤其是在一些特定的场合，如果你遇到一个跟你只有一面之交的人，你一口就叫出了他的名字，绝不亚于你当面夸奖他。每一个人的姓名，对他来说，是任何语言中最甜蜜、最重要的声音。你如果还能说出关于他的其他事情，那他的心里恐怕就乐开了花。

其实，我们如果仔细想想，别人叫出了我们的名字，并不一定就意味着我们有多么重要，但是，每个人都想成为一个重要的、不可或缺的人物。哪怕对方其实一点也不重要，但你叫出了他的名字就满足了他自己很重要的这种心理需求。那么他就会对你另眼看待，无论是要做生意，还是想在他的单位办某件事情，他都会给你开绿灯！

有一些女性从不用心去记别人的姓名，她们辩解的理由不外是因为工作太忙，没有心思记这些事。相信每个女性朋友都有过一两次这样的经历。在公共场合上遇到前不久才刚认识的朋友，对方热情地说："还记得我的姓名吗？"而你却突然忘了，于是只好尴尬地站在那里傻笑。

为什么很容易忘记对方的姓名呢？难道是你天生记忆力就不好吗？不是，是因为你根本不想认真地去记住它，或者你根本就不在乎是否能够记住它。所以，你的记忆力才在无形中丧失了。

那么怎样才能记住别人的名字呢？首先，要把对方的名字弄清楚；其次，把名字深印在自己脑海里最好的方法是响亮地重复三遍，直到名字被记住；最后，一边默念名字一边想象对方的脸，把名字同面容结合在一起，在脑海里构出一幅图像。

在公车上、在公司门口、在办公室，如果遇到朋友或是有事要跟同事讲，就亲切地叫他的名字。可能简单地称呼一句，他就会成为你的朋友，帮上你大忙。

幽默的女人更受欢迎

所谓幽默，并不仅仅是指一般意义上的“笑话”、“滑稽”，它更是以一种愉悦的方式让别人获得精神上的快感。同时，说话幽默也体现了一种待人宽容、小事糊涂的语言沟通要求。幽默的力量，不只是博人一笑而已，它能润滑人际关系，提高我们的生活质量。

著名的心理学家凯瑟琳认为：如果你能使一个人对你有好感，那么也就可能使你周围的每一个人甚至是整个世界的人都对你有好感。只要你不只是到处与人握手，而更是以你的友善、机智、幽默去传播你的信息，那么时空距离就会消失。

一位名叫阿丽莎的年轻女士花了将近一年时间去筹划她的婚礼。她和未婚夫把婚礼安排在一个非常漂亮的宴会厅举办，邀请了300多位客人参加这次豪华的婚礼。为了把婚礼办得非常完美，她对每一个细节，比如客人喝鸡尾酒时用什么纸巾这类琐事，都要亲自把关。

婚礼进行得非常完美，直至那块非常昂贵的结婚蛋糕滑落在地。巧克力和奶油溅得满地都是。所有的客人都料定阿丽莎会失声痛哭。可让大家感到惊讶的是，阿丽莎低头看看地上破碎的蛋糕，开始笑出声来，随后就幽默地对大家说道：“嗨，我原来是想订一个可占这么大地方的香草兰蛋糕！”

因此，你也要允许自己开怀大笑。当你的生活充满了幽默后，你就会惊喜地发现，你的生活也随之变成了喜剧。

幽默能激起听众的愉悦感，使人轻松愉快；也可活跃气氛，便于双方交流感情，并在笑声中拉近双方的心理距离，让人感觉你很有亲和力，愿意与你交往；幽默还可使矛盾双方从尴尬的困境中解脱出来，打破僵局，使剑拔弩张的紧张气氛得以缓和，使你获得更多的朋友。

作家谌容访美期间，一次应邀到某大学演讲。大学生提出了各种各样的问题，她都给以直率的答复。

当时有人问："听说您至今还不是中共党员，请问您与中国共产党的私人感情如何?"显然，提这样的问题是别有用心的，回答不好会使人处于尴尬的局面。

谌容笑了笑，敏捷地说："你的情报很准确，我确实不是中共党员。但是，我的丈夫是个老共产党员，而我们共同生活了几十年，尚未有离婚的迹象，可见，我同中国共产党的感情有多深。"

巧妙而又得体的回答，赢得了一片热烈的掌声。

在幽默感的保护下，我们可以尽情出招，也可以严密防卫，这样既达到了自己的目的，也不会伤害他人的感情。

我们每个人都喜欢幽默，需要幽默，幽默感是一种高层次的态度，需要长期的修炼：

1.博览群书，拓宽知识面

积累丰富的知识，在各种场合与各种人接触都会胸有成竹，从容自如。

2.培养高尚的情趣和乐观的信念

一个心胸狭隘、思想消极的人是不会有幽默感的，幽默属于那些心宽气平、对生活充满热情的人。

3.提高观察力和想象力，运用联想和比喻

要有意识地训练自己对事物的快速应变能力和分析能力。多参加社会交往，多接触有幽默感的人。这种影响产生于无形的潜移默化中，使你在增

强幽默感的同时扩大交际面，增强社交能力。

幽默往往是有知识、有修养的表现，是一种高雅的风度。有幽默感的女性，大多是知识渊博、辩才杰出、思维敏捷的人。她们非常注意有趣的事物，懂得开玩笑的场合，善于因人、因事不同而开不同的玩笑，能令人耳目一新。

一个很温柔、很妩媚、很有智慧、善交际的女人，如果同时也很幽默，会令与她相处的人感到愉快。这样的女人无疑是最有吸引力的，幽默可为女人的魅力起到锦上添花的作用。

上篇：智慧女人，一开口就讨人喜欢

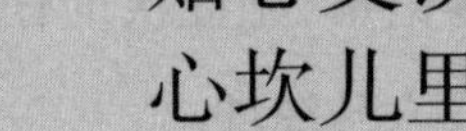

第4章 贴心交谈，把每句话都说到他人心坎儿里

我们的人生成败，往往取决于某一次谈话，这话绝没有过分夸张。美国人类行为科学研究者汤姆士指出："发生在成功人物身上的奇迹，一半是由口才创造的。"这是千真万确的，如果你经常出言不慎，无理跟别人争吵，那么，你将不可能获得别人的同情、别人的合作以及别人的帮助。无数成功者的事实证明，善于说话，并把话说到对方的心里，才是成功人生的催化剂。

巧妙恭维，拉近彼此距离

在这个社会上，会说恭维话的女人肯定比较吃香，办事顺利也就顺理成章了。当一个人听到别人的恭维话时，心中总是非常高兴，脸上堆满笑容，口里连说："哪里，我没那么好，你真是很会讲话！"即使事后冷静地回想起来，明知对方所讲的是恭维话，却还是没法抹去心中的那份喜悦。

因为爱听恭维话是人的天性，虚荣心是人性的弱点。当你听到对方的吹捧和赞扬时，心中定会产生一种莫大的优越感和满足感，自然也就会高高兴兴地听从对方的建议。

张雨是一个专门推销各种食品罐头的女推销员，她此次的任务是要拿下本市最大型商场的订单。于是，她找到了负责人马经理。

见面后，张雨说："马经理，我去过好多次你们的商场，不愧是本市最大的专业食品商场，无论在商场的布局方面，还是卫生方面，都给人很舒服的感觉。尤其是商场的工作人员，都非常耐心，百问不厌，看得出来，您为此花费了不少心血。"听了张雨的这一席恭维话语，马经理不由得连声说："谢谢！谢谢！做得还不够，请多多指教，请多多指教！"嘴上这样说，心里却是美滋滋的。张雨自然也就心想事成了。

在现代的人际交往中，是否会恰当地赞美他人已成为衡量一个人交际水平高低的标志之一。因此，一个人是否会适度赞美别人，也往往决定了他能否建立一个成功的交际关系网。

女人通常视同性为天敌。正像一则笑话所讲：两对男女迎面走，男人看女人，女人也看女人。女人一般不把男人看做对手，所以，女人的对手最终还是女人，女人吝啬对女人的赞美。

其实女人间轻松相处的最简单的方法就是适度赞美自己的同类，比如

“你今天的唇膏颜色真漂亮”,“这身衣服配你,真是再合适不过了”。确实,女人喜欢受注目。若想获得一个女人的好感,聪明的女人明白:适度的赞美是必要的,让她知道你是她无需设防的人,你真心把她当朋友,你不会同她争风吃醋。

恭维别人本身是一件很讨好的事,但这也必须有一个限度。

高帽尽管好,可尺寸也得合乎规格才行,滥戴高帽是不明智的。赞扬招致荣誉心,荣誉心产生满足感,但当人们发现你言过其实时,常常会因此感到他们受到了愚弄。所以,宁肯不去恭维,也不宜夸大无边。

过分粗浅的溢美之词同时会毁坏你的名声和品位。恭维别人首要的条件是要有一份诚挚的心意及认真的态度,言辞会反应一个人的心理,因而轻率的说话态度,很容易被对方识破,从而使对方产生不快的感觉。

恭维人的话不能过多,多了对方会不自在,觉得你是虚情假意,你习惯于对每个人都花言巧语,因而对方就不信任你。恭维过多也不利于交谈,在谈话中频频夸对方“好聪明”、“好有能力”,对方频频表客气,谈话往往无法顺利进行。

经常看到有人在称赞别人时表现出来的那种漫不经心:“你这篇文章写得蛮好的”、“你这件衣服很好看”、“你的歌唱得不错”这种缺乏热诚的空洞的称赞并不能使对方感到高兴,有时甚至会由于你的敷衍而引起对方反感和不满。

如果把以上这些话改成:“这篇文章写得好,特别是后面一个问题特别有新意”、“你这件衣服很好看,这种款式很适合你的年龄”、“你的歌唱得不错,不熟悉你的人没准还以为你是专业演员呢”这些话比空洞的赞扬显然更有吸引力。

另外我们要注意,恭维对方本身不如恭维他的成绩,恭维对方容貌不如恭维他的品位与能力。因为容貌是天生的,爹妈给的,无法改变的,而品位与能力是自己后天养成的,表明了自己的价值,是自身成功的表现。

美国著名的心理学家威廉·詹姆士说:“人类本性上最深企图之一是期

望被赞美、钦佩、尊重。”渴望称赞是每一个人内心的一种基本愿望。所以，在生活中，当我们想要在善意和谐的气氛中形成高潮时，就应该去寻找别人的价值，并设法告诉他，让他觉得他的价值实在值得珍惜，而我们便等于扮演了一个鼓励他、帮助他的角色。

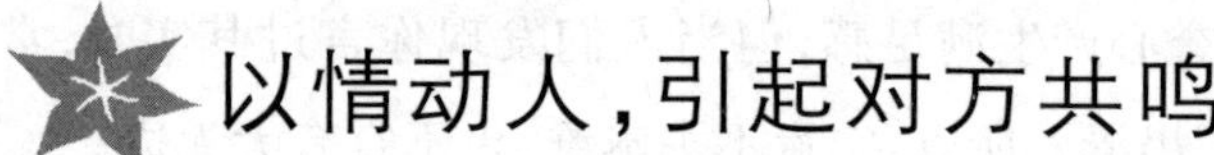

以情动人，引起对方共鸣

要想把话说到对方心里，使对方对你产生好感，就要了解对方最关心的问题，从对方的立场出发，打好感情牌。例如，知道对方的子女今年高考落榜，因而举家不欢，你就应劝慰、开导对方，说说“榜上无名，脚下有路”的道理，举些自学成才的实例；如果对方子女决定明年再考，而你又有自学高考的经验，则可现身说法，谈谈高考复习需注意的地方，还可表示能提供一些较有价值的参考书。在这种场合，切忌大谈榜上有名的光荣。

一定要切记一切以对方为中心，采取一种能增加对方感情的谈话口气、态度和方式，那么，你们的交谈就能愉悦而顺利地继续。

“化妆品女皇”玫琳·凯年轻时就曾经遇到这样一位女孩子。

一天，她在海边看到了一位女孩子，脸上布满了忧郁与哀愁，还挂着泪痕。玫琳·凯微笑着走上前去，问她：“您好，我叫玫琳，能跟你说几句话吗？”

女孩子并不愿意理她，依然在那里感受着落寞。玫琳·凯继续温柔地说：“虽然你心情非常糟糕，让你显得有些忧愁，但你依然很美。你有什么伤心痛苦的事情，可以跟我说说吗？”她想了一会儿，就真的跟玫琳·凯倾诉了起来。当她说得动情时，还流下了眼泪。而玫琳·凯给她的一直是真诚的眼神、用心地倾听和适当地点头。玫琳·凯的聚精会神，让女孩子感觉到了一种关注和理解。最后，女孩子还说，她今天来海边，就是想结束自己的生命。因为她爱上的那个人，事业有成后就把她抛弃了。

玫琳·凯听后，不但为她感到忧伤，还气愤地大骂那个男人有眼无珠。最后，她真诚地鼓励女孩："你放心吧，天底下好男人多的是，你一定会找到一位责任心强且很有爱心的男人的。你看你长得多漂亮，连我这样的女人都喜欢，更何况是男人呢。所以，你一定要振作起来。"

最后，女孩用极其感激的语气对玫琳·凯说："从来没有人和我说过这么多话，我感觉自己到今天才算是真正地发现了自己。我现在才相信，活下去会是很美好的。"

其实，每个人都可以利用这样的语言认识别人、开创友谊，只要你有意与别人交往，善于打开别人的心扉，一定会收到意想不到的效果。

谈话的功力也是一门艺术，让人人都满意并不是一件简单的事，最重要的一点，是切实了解不同阶层、不同年龄段的人的价值取向和兴趣倾向，到什么山就要唱什么歌。

张先生原是河南人，解放战争时期，由于兵荒马乱，他跟着父母逃荒到东北，后就在吉林定居下来。

改革开放以后，张先生创办了一个工厂，经过几年的奋斗与拼搏，成为全国同行业的佼佼者，个人资产过亿。张先生现在年龄也大了，很有一种叶落归根的想法，但苦于时间太忙，无法回去。

这时，张先生的家乡为了创办当地特产加工厂，需要一笔不小的资金，当地政府多方筹措，才筹到了总数的三分之一，于是就派出冯女士去找张先生，希望能得到援助。

冯女士是政府对外联络办的，为人聪明，善于交际。她看了张先生的详细资料后，就判断张先生这时也有回家乡投资的意向。因此，在没有任何人员的陪同，也没有准备任何礼品的情况下，独自一人前往吉林，并且打保票定会筹到款项。

张先生听到家乡来人时，他在欣喜之余也感到有些惊讶，因为久不闻家乡的信息，突然有人来了，该不会是招摇撞骗之人吧？但出于礼节，他还是同冯女士见了面。冯女士一见张先生这种神情，就知道他还未完全相信自己。于是，她挑起了家乡的话题，她那生动的语言，特别是那浓浓的思念故土之情溢于言表，令张先生深受感动，也将他带回童年时期，想起了那时的家乡、那时的邻里亲戚……蕴藏在心中的那份几十年的感情全部流露了出来，欲罢不能。

就这样，说了三个多小时的话，冯女士筹款一事，一字未提，只是与张先生回忆了家乡的变迁，犹如放电影一般。最后，张先生不但主动提出要为家乡捐款一事，还答允了与家乡合资办厂的要求。

冯女士确实很聪明，她抓住了张先生心中那份埋藏几十年的思乡之情，与张先生聊了一个彼此都非常感兴趣、轻松的话题，引起了共鸣，不但使她此行的目的圆满完成，还了却了张先生的那份心愿。

这种关系的处理方法，很关键的一点就是抓住了"情"这一字。只谈乡情不说实事，但是功到自然成。

避免冷场，从对方熟悉的话题开始说起

交谈能力在交换意见、交流思想和交融情感时尤为重要。它在人际关系中，有时是润滑剂，使人们消除摩擦，化解矛盾；有时又是黏合剂，使人们互相贴近，彼此了解。正因为如此，你要懂得利用谈心的方式沟通心灵，推动工作。

交谈时，避免冷场是谈话双方共同希望的，但万一出现冷场时，你还是要有所准备。

"曲高和寡"会导致冷场，"淡而无味"同样也会引起冷场。如果你不善言谈，在交际场中就很容易陷入尴尬的局面。因此，要想在交际场上得心应手、游刃有余，必须掌握在场面上善于没话找话的诀窍。

没话找话说的关键是要善于找话题，或者根据某事引出话题。因为话题是初步交谈的媒介，是深入细谈的基础，是纵情畅谈的开端。没有话题，谈话是很难顺利进行下去的。

你可以通过转换话题的方式打破冷场，在你转换话题时，要提出一个对方感兴趣并有可能参与意见、发表看法的问题，或是开个玩笑，活跃一下气氛，再转入你要说的正题。这种方式情境性非常强，形式也最为多样，只要我们平时多观察周围的人和事，就能找到多种多样的话题。

一位退伍军人乘车同一陌生人相遇，其位置正好在驾驶员后面。汽车上路后不久就抛锚了，驾驶员车上车下忙了一通之后，还没有修好。

这位陌生人建议驾驶员把油路再查一遍，驾驶员将信将疑地去查了一遍，果然找到了病因。驾驶员感到他的这一绝活可能是从部队学来的。于是试探道："你在部队待过吧?""嗯，待了六七年。""噢，算来咱俩还应是战友呢。你当兵时部队在哪里?"……于是，这一对陌生人就谈了起来，后来他们还成了好朋友。

孔子说："道不同，不相为谋。"只有志同道合的人，才能谈得拢。我国有许多"一见如故"的美谈，女性朋友要与人谈得投机，就要在"故"字上做文章，变"生"为"故"。因此，在与人交谈时要看准情势，不放过应当说话的机会，能让对方充分了解自己。因为交谈是双方活动，只了解对方，不让对方了解自己，同样难以深谈。女性朋友只有适时地插入交谈，把你的知识主动有效地展示给对方，交谈的对方便能从你"切入"式的谈话中获取教益，这样交谈双方会更亲近。实际上，这也符合"互补"原则，奠定了"情投意合"的基础。

刘女士到医院里就诊，坐在候诊大厅里，邻座坐着的一位大姐很健谈，大姐主动问她："你是来看什么病的？听口音不像本地人，你老家是哪里的呀?"当她得知刘女士是山东青岛人时，很高兴地说："青岛非常美，我以前出差去过多次……"刘女士便问："那您在什么单位工作呀?"于是她们亲切地交谈起来，等到就诊时，她们已经是熟悉的朋友了，分手时还互邀对方到自己家

里做客。这种融洽的效果看上去是偶然的，实际上也是有其必然原因的。

只有通过“火力侦察”，发现共同点，交际才能自如。

另外，在交谈过程中，如果真的出现冷场现象，女性朋友还可以就时下大家比较关心的问题，先表达自己的观点，然后询问他人对你的观点有何评价。有时也可以特意地装出不懂的样子，并表现出急切想知道的样子，让他人讲给我们听。如果我们不明白而对方通晓的事，往往能激发对方在心理上的优越感，他们也因自己说出的话有人听感到兴致勃勃。当然，我们明明知道的事，如果有意装不知道，一旦让对方识破，就会引起他人的反感，因此，与其装得不真诚，倒不如不装。

最后，女性朋友在与对方交谈时，还要留些空缺让对方接口，使对方感到双方的心是相通的，交谈是和谐的，进而使双方之间的距离缩短，因此，聪明的女性和对方交谈，千万不要把话讲完，把自己的观点讲死，而应虚怀若谷，欢迎探讨。

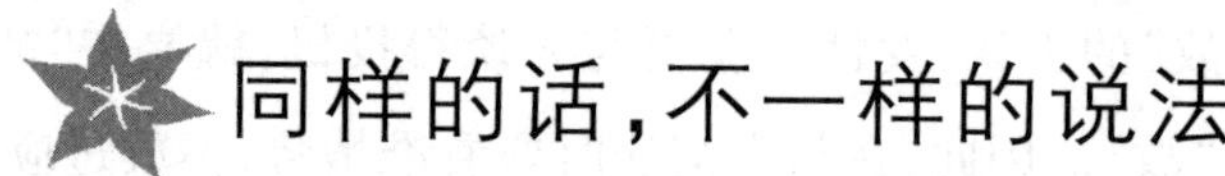

同样的话，不一样的说法

中国有句古话叫“不看你说的什么，只看你怎么说的”。同样一个意思，不同的人有不同的说法，不同的说法有不同的效果。与人交流时，不要以为内心真诚便可以不拘言语，我们还要学会委婉艺术地表达自己的想法。

有一位国王，梦见自己所有的牙齿都掉了。一觉醒来，他召来一位智者为他解梦。

智者说：“陛下，您很不幸，每掉一颗牙齿，就意味着您会失去一个亲人。”

国王大怒：“你这个大胆狂徒，竟敢胡说八道，给我滚出去！”随后，他令人重打了这位智者一百大板。

国王下令找来另一位智者，并向他讲述了自己的梦。认真听完后，这位智者对国王说："高贵的陛下，您真幸福呀！这是个吉祥的梦，意味着您会比您的亲人长寿。"

国王大喜，令人重赏这位智者一百个金币。

这位智者走出宫殿时，一位礼宾官很不解地对他说："真是不可想象！您对梦的解释其实同第一位智者差不多，为什么他受到的是惩罚，而您得到的却是奖赏呢？"

这位智者语重心长地说："很简单，一切都是因为说话方式的不同啊。"

问题不在于你说了什么，而在于你是怎样说的。舌头是天底下最有威力的武器，它可以打动别人，扫除你成功路上的障碍，也可以伤害别人，为你增添阻碍，所以学会利用舌头是人生的必修课。你只有认真听，仔细想，反复推敲，才能掌握住适宜的说话技巧。也只有这样，说话者才会如愿达到自己的目的。

据传在某国的教堂内，有一天，一位教士在做礼拜时，忽然熬不住烟瘾，便问他的上司："我在祈祷时可以抽烟吗？"结果，遭到了上司的呵责。然后又有一位教士，也发了烟瘾，却换了一种口气问道："我吸烟时可以祈祷吗？"上司竟莞尔一笑，答应了他的请求。

我们在与人交流的时候，一定要注意说话或提出意见都不能太直白，否则就可能会给自己惹来麻烦。

一句话到底应该怎么说，其实很简单，你只要设身处地从他人的角度想想就会明白了。

在周末，许多青年男女伫立街头。他们中间有不少人是等待与情侣相会的，有两个擦鞋童，正高声叫喊着以招徕顾客。其中一个说："请坐，我为您擦擦皮鞋吧，又光又亮。"另一个却说："约会前，请先擦一下皮鞋吧。"

结果，前一个擦鞋童摊前的顾客寥寥无几，而后一个擦鞋童的喊声却收到了意想不到的效果，一个个青年男女纷纷让他擦鞋。

这究竟是什么原因呢？其实原因很简单，分析一下就可以得出答案。

我们听到第一个擦鞋童的话，尽管他的话礼貌、热情，并且附带着质量上的保证，但这与此刻青年男女们的心理差距甚远。因为在黄昏时刻破费钱财把鞋擦得又光又亮，显然没有多少必要；人们从这儿听出的印象是“为擦鞋而擦鞋”的意思。而第二个擦鞋童的话就与此刻男女青年们的心理非常吻合。“月上柳梢头，人约黄昏后”，在这充满温情的时刻，谁不愿意以干干净净、大大方方的形象出现在自己心爱的人面前呢？

一句“约会前，请先擦一下皮鞋”，真是说到了青年男女的心坎上。可见，这位聪明的擦鞋童，正是传送着“为约会而擦鞋”的温情爱意。一句“为约会而擦鞋”一下子就抓住了顾客的心，因而大获成功。

所以，一个心理成熟、懂得社交技巧的女性应该知道在什么时候，以怎样合适的方式说话办事。实话不一定要直说，而可以幽默地说，婉转地说或者延迟点说，私下交流而不是当众说，等等。同样是说实话，用不同的方式说，效果会有很大的不同。

一般情况下，我们在说话之前，要经过一番慎重的考虑，要知道，我们强调的不是说了多少话，而是要通过说话最终达成什么目的。所以，在说话之前，一定确立说话的目标；另外，还要学会察言观色，善于把握对方的心理，充分考虑到说什么话，如何说，什么时候说。确定了这几点，再开始说话，才能收到良好的效果。我们还要充分考虑说话的对象是什么样的人，然后再酌情说话，这样才会避免一些不必要的敌对情绪，成为一个到处受欢迎的人。

赞美别人，也别太直截了当

对朋友、同事身上的特点，你要发挥女性特有的细心优势，尽可能随时随地去发现。如果你细心、真心实意，就要抓住时机，积极反馈。他的一个表情、一个动作、所说的一句话、所做的一件事,你都要看在眼里、记在心里。赞美的时机多种多样,当时、事后、大庭广众之下,俩人独处之时都可进行。当时赞美、当众赞美固然有立竿见影的效果,但是糖太多了也腻人,平铺直叙的溢美之词,常常会使听者麻木甚至厌倦。

某公司有位周小姐,嘴巴一向很甜。她的上司是个很优雅的女士,很会搭配衣服,穿着得体。而那位甜嘴巴的小姐却成了这位上司的苦恼。因为,每天早上一到公司,对方那种令人不舒服的赞美就涌入耳中,“哇!好漂亮啊,经理!又买新衣服了对不对?颜色好漂亮喔,穿在您身上就是不一样。”隔天一见面,又来了:“看看看,又一套了,看样子很贵,也是新的吧,我就缺这个本事,不像您如此会打扮。”不仅如此,她还习惯当着客户“赞美”上司,说辞几乎都是:“在我们经理英明的领导之下,我才有今天的成绩,好多人都问我跟我们经理多久了,其实也没多久,但是经理大人大度,肯教我,对不对?”

后来,上司终于被她过分的“赞美”和不诚实的眼神弄烦了,把她调去管理资料,眼不见为净。

周小姐的赞美就很有问题,给人感觉太做作,老套又没有赞美到点上,因而不但没获得经理的青睐,反而因此吃了亏。

赞美要自然、顺势,不必刻意为之,过于刻意会显得“另有所图”,可能对方不领情,反而会弄巧成拙。高声大嗓的当面赞美,效果往往不如那种含蓄自然的“背后鞠躬”。

例如,一个员工,在与同事们午休闲谈时,顺便说了上司的几句好话:“咱们的上司很不错,办事公正,对我的帮助尤其大,能为这样的人做事,真是一种幸运。”当这几句话传到他上司的耳朵里,免不了让上司的心里有些欣慰和感激。而同时,这个员工的形象也会有所提升。

不要小看这些细节,生活就是由无数个细节组成的。生活没有多少轰轰烈烈被载入史册的事情等着我们,我们要做的只是细节,一个又一个。现在,我们要注意的一个细节是,坚持在背后说别人好话,别担心这些好话传不到当事人的耳朵里。

对一个人说别人的好话时，当面说和背后说是不同的，效果也会不一样。你当面说，人家会以为你不过是奉承他，讨好他；当你在背后说时，人家认为你是出于真诚的，是真心说他的好话，人家才会领你的情，并感谢你。

还有一种方法，是借别人之口，传达自己想要传达的信息。

一天，一位办理房地产转让的房产公司推销员来到一位朋友家，带着朋友的朋友的介绍信。彼此一番寒暄之后，他就讲开了："此次幸会，是因为我的上司赵经理极为敬佩您，叮嘱我若拜访阁下时，务必请您在这本书上签名……"边说边从公文包里取出这位朋友最近出版的新著，于是这位朋友不由自主地就信任他了。在这里，赵经理的仰慕和签名的要求只不过是个借口，目的是对这位朋友进行恭维，使他开怀。

在被恭维者面前，若以第一人称的语气这样说，则必有谄媚的味道，会使人很容易观察其目的。但这位高明的推销员有意撇开自己，用"我的上司是您的忠实读者"这种借他人之口的迂回之法，就比"我崇拜您"更巧妙、更有效，更容易使人接受。

不要以为赞美的话谁都会说，说得笨拙或者说得巧妙，其中大有分别。

说真诚的话，让他人感受到你的坦率

大量事实证明，女性说话的魅力并不在于语言的华丽、讲话的流畅，而在于你是否倾注了感情，表达了真诚！最能推销产品的人并不一定是口若悬河的人，而是善于表达真诚的人。当你用得体的话语表达出真诚时，你就赢得了对方的信任，建立起信赖的人际关系，对方也就可能由于信赖你这个人而喜欢你说的话。真诚，无论对说话者还是对听话者来说都非常重要。

正如白居易所说："感人心者，莫先乎情。"说话时既以理服人，又以情感人。人是感情动物，语言所负载的信息，除了理性信息外，还有感情信息。

这种感情信息，内涵十分丰富。其功能不仅要诉诸人的理智，更要打动人的情感。

因此，女性朋友在与人交谈时，首先应想到的是如何把你的真诚注入讲话之中，如何把自己的心意传递给对方。只有当听者感受到你的诚意时，他才会打开心门，接收你讲的内容，彼此之间才能引起共鸣。

诚实是一个人走向人生顶峰时所自然呈现的坦诚，是一种坚韧的力量。在诚实的人那里，一切谎言虚饰都变得毫不重要，甚至可憎。

有一次，一位外国记者向吴仪部长提出一个很尴尬的问题：“请问吴仪部长，为何至今还是独身一人?”对此，部长是无可奉告，还是避实就虚含糊了事？人们揣测着可能出现的回答方式。然而，吴仪的回答大出众人的意料，她既不回避，也不闪烁其词。她说：“我不信奉独身主义。之所以打单身，和年轻时的片面有关。一是受文学作品的影响，心里有个标准的男子汉的形象，而这种人现实生活中没有；二是总觉得要先立业后成家，而这个业又总觉得没有立起来，然后在山沟里一待就是20年，接触范围有限，等到走出山沟，年龄也大了，工作又忙，就算了吧。”

这一席坦率的回答使众人感到吃惊，同时也使众人大为感动。正是这种坦诚直率的风格才使吴仪成为对外贸易谈判中辩才无敌的杰出女性。

事实上，有许多女性朋友对所谓的“口才”往往都有一种误解，她们以为伶牙俐齿、口若悬河，说得对手找不到北就是目的。其实这样是犯了一个根本性的错误。真正会说话的人，言辞之中总会有一种深刻的感染力，大家会认为这是一个光明的人、一个热忱的人，于是会很自然地把与其为伍当做一种荣幸。

我国著名的翻译家傅雷先生说：“一个人只要真诚，总能打动人的，即使人家一时不了解，日后也会了解的。”又说：“我一生做事，总是第一坦白，第二坦白，第三还是坦白。绕圈子，躲躲闪闪，反而容易叫人疑心。你要手段，倒不如光明正大，实话实说。只要态度诚恳、谦卑、恭敬，无论如何人家都不会对你怎么的。”

诚实的女人常常谈笑自若，她们的眼睛和口气使你无法怀疑话语的真实。她们可以坦诚地谈论自己的出身、处境和对事情的看法，使你感到荣辱进退与尊卑显隐之间有一个大的道理存在。掌握这一道理的人敢以真面目示人，这样的人让人感到踏实、牢靠。

与人交谈贵在以心换心，坦白、真诚，表露真心。对方会感到你信任他，从而卸下猜疑的戒备心理，把你作为知心朋友，并乐意向你诉说一切。心理学家认为，每个人的思想深处都有内隐闭锁的一面，同时，又有开放的一面——希望获得他人的理解和信任。然而，开放是定向的，即向自己信得过的人开放。以诚待人，能够获得人们的信任。以一个开放的心灵换取到一位用全部身心帮助自己的朋友，这就是用真诚换来真诚。如果女性朋友在与人交谈时，能用坦诚取代防备、猜疑，就会获得出乎意料的好结果。

第5章 拿捏分寸，女人要把话说得恰到好处

有一些女性，心里藏不住话，看到什么、听到什么，或者刚一有什么样的打算和不满，马上就要在嘴巴上反映出来。这种行为是一种轻率愚蠢的表现，多嘴多舌的女人，既不能守密，又容易伤人，最后吃亏的还是自己。

能说会道本是一个人的优势，但是在心中必须有一条底线，知道哪些话可以说，哪些时候需要缄默。掌握好说话的分寸，女性朋友才可能在人前树立起自己的好形象。

轻率之言，好比难收覆水

说话不加考虑，是一个人致命的弱点。那些常有轻率之言、伤人之言出口的人，往往是因为看事情只看到现象或表面，只考虑到自己的“不吐不快”，而没有考虑旁人的立场、观念、性格和感受。所以，他的话不论是对人或对事，都会让人受不了，于是人际关系就会变得紧张，事业的发展也常常因之受挫。

灾祸往往出自于口，无论你身处什么位置，也不管你的财富、势力有多雄厚、强大，嘴巴既能帮你平步青云，也能让他人对你侧目相看。所以，管不好自己的嘴，就相当于在自己身上绑了一颗随时都有可能爆炸的定时炸弹。

在姚明刚加盟 NBA 休斯敦火箭队的 2002 赛季，原 NBA 球星巴克利很瞧不起他，常规赛刚开打不久，他就在 TNT 电视台的“NBA 内部秀”节目上口无遮拦地说个没完，并打赌说：在本赛季的任何一场常规赛上，姚明的得分如果能够上 19 分，他就会去“亲吻”肯尼·史密斯的屁股。这句话后来传到姚明的耳朵时就成了“如果姚明得到 19 分，巴克利就会亲吻姚明的屁股”。姚明听后就幽默地说：“那好，我就拿 18 分算了。”

没想到之后不久，火箭队在客场对阵湖人队时，姚明单场砍下了 20 分，不但证明了自己，为自己赢得尊重，同时又把口无遮拦的巴克利逼入“绝境”。肯尼·史密斯得知姚明得了 20 分后十分兴奋，表示一定要让巴克利履行诺言，弄得巴克利非常难堪，不得不去应付他的“赌债”。尽管后来巴克利吻的对象改成了驴屁股，但在电视机的镜头前亲吻驴屁股，对谁来说都算得上是恐怖的一幕。在镜头聚焦、强光灯灯光闪耀之下，在周围发出的一阵狂笑声中，巴克利不得不一脸难堪地蹲下身去，无奈而痛苦地朝“肯尼·史密斯”的屁股吻去……

一个聪明人在人际交往的过程中，从来不会把话说死、说绝、说得自己毫无退路可走。例如，“我永远不会办你所搞砸的那些蠢事”；“谁像你那么不开窍，要是我几分钟就做完了”；“你跟某某一样缺心眼儿，看他那德性”，等等。这样的话谁听了都会不痛快，人人都最爱惜自己的面子，而这样绝对的断言显然是极不给人面子的一种表现。没有人会受得了这样无礼的话，即使他不会立即与你兵戈相见，大干一场，也会对你怀恨在心，甚至结怨树敌。更有一点，世事多变，等你发现自己当初的断言成了一句蠢话时，又该如何收场呢？

我们生活中很多不愉快的事，起源多在口无遮拦上，所以学会委婉地表达自己的意思，显得尤为重要。一般场合中，在要发表自己的意见时，你可以先说“你的某某事做得挺好，效果、反映都不错”，然后，再用“就是”、“但是”、“不过”等来做文章。谁都知道“但是”的后面才是真正要说的话，但前面的话一定要说，因为在中国它不是假话，也不是废话，而是为营造一种和谐气氛的客气话。你若直来直去，对方必然会觉得你扫了他的面子，心中会大起反感。

要想在公司里得到发展，在社会生活上被人们所承认，就必须了解到这一点。这也是很多懂得人情世故的人不轻易在公开场合说一句批评别人的话的原因。

俗话说：“良言一句三冬暖，恶语伤人六月寒。”所谓恶语，就是指那些肮脏污秽、奚落挖苦、刻薄侮辱一类的语言。口出恶语，不但伤人，而且有损自身形象。在社交活动中，应当尊重人，温文尔雅，讲究语言美，而不要自以为是，出言不逊，恶语伤人。

言多必失，别什么话都说

俗话说："三个女人一台戏。"许多时候，人们总有这样的感觉，女人多的地方，似乎是非总是特别多，爱闹别扭的、耍小心眼儿的也比比皆是，整天传播是非的更是大有人在。

每个人都有好奇心，但这种好奇心却无意中成了制造矛盾的根源。比如大家在一起谈论其他同事，将议论传播出去，就是制造同事之间的矛盾，使办公室人人自危，最后对你这个导火索只有避之唯恐不及。

对女人而言，说话要把握住一个度，不宜太多废话，闲话。说话时要考虑听话者的立场，无论是你的朋友，上司，老公，父母，还是孩子，请记得嘴下留情。

丽萍和吕霞是一对很要好的同事，平时两人共事，合作得很愉快。有时候其中一方遇到难事，另一方也会一同去散散步，互诉衷肠。

有一天下班，丽萍内心郁闷，拉吕霞出去吃饭聊天，说说知心话，解解闷。在饭桌上，丽萍把自己内心深处最大的苦闷，也是最大的秘密告诉了对方。

原来，丽萍爱上一个有妇之夫，她知道这样不好，但却欲罢不能，结果搞得自己家人和对方家人都十分不满，矛盾重重而不得安宁，她不知道自己该怎么办。

当丽萍把这个隐私告诉吕霞后，再三叮嘱她替自己保守这个秘密，不要告诉别人。当时，吕霞也郑重其事地许诺，不会告诉别人。但是，不到一个月，丽萍竟然发现办公室里的同事都知道了这个秘密。并且，有一次因工作问题，与一个同事拌了几句嘴，人家竟然拿这件事攻击她。

最后，丽萍不得不痛苦万分地离开了这家公司，另谋发展，而她与吕霞的友谊也彻底完结了。她认为吕霞没有帮自己守住这个秘密，使自己受到了伤害。其实,这是她自己在做事上太过鲁莽,把自己的隐私交给别人保管,令自己深受其害。

聪明的女性,一方面要控制好自己的嘴,保守住属于自己的内心秘密;另一方面,不要在同事面前议论别人的隐私,这样无形中会给同事一种“长舌妇”的印象。而且,听者心里没准会想:她既然会在我面前说别人不好,是不是也会在别人面前说我不好呢?这样的女人,我还是离她远点儿吧,免得引火上身!

在我们身边,常有一些喜欢打听他人秘密且还会添枝加叶的人,如果你说话稍有不慎,可能就成了她嘴巴里的“泡泡糖”。这种人非常讨厌,让人烦不胜烦,同时也让人防不胜防。因此,女性朋友最好是管住自己的嘴,少说话,多做事,以免成为他人口中的“泡泡糖”。

天下之大,谈话的题材取之不尽,用之不竭,为什么一定要拿别人的隐私当做话题?这样有什么好处呢?你要明白有关别人的事情并非真实,也许还有很多隐衷不是你所能详悉的。假如贸然把你所听到的片面之言宣扬出去,往往会让你搬了石头砸自己的脚。

世上没有不透风的墙。今天你和某同事说“小王能力不行,办不成事”,过不了两天话就会传到小王耳朵里了。人多少都有点报复心,说不定哪天你被人收拾了,却还不知道为什么。

女性朋友千万注意,关于别人的是是非非,千万不要随意说,在闲谈时,一定要管住自己的嘴,不提及他人忌讳的话题。

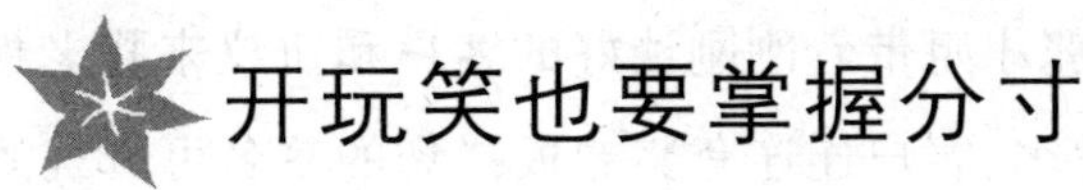

开玩笑也要掌握分寸

在社会中与人相处,尤其是相知的朋友相聚,大家不免开开玩笑,互相逗乐,这样可以融洽关系,活跃气氛,增进友谊。所以,朋友之间知根知底,

无话不谈,原本是人生一大快事。

但是,在社交活动中,有些女性也经常发生因为开玩笑而闹僵的事情。这主要是因为玩笑开得过了头,或者开错了对象。任何事情都有一个度,在度的范围内,相安无事;越出了度的范围,事情就可能发生改变。开玩笑也是如此,分寸把握不好,玩笑就会伤害别人。

某公司的销售部,有个叫张健的销售员,他年轻的时候长过很多青春痘,满脸都是疤痕。一天,一个职员贼兮兮地跟另一个职员说:"嘿,看这张图片,你猜是谁?"

众人挤过来一看,原来是一个橘子皮。

"你拿张健的照片干吗?"其中一个人喊道。

大家爆笑,于是橘子皮先生就成了张健公开的绰号。

张健本人感到十分委屈,且恼火万分,从此对开玩笑的同事心存芥蒂。

做一个幽默的人固然很好,但在使用幽默时,要注意避免进入各种各样的误区。如果滥开玩笑,就会令人觉得轻浮,并产生难以估计的负面效应。如果因为一个不得体的玩笑而破坏了良好的人际关系,也就等于在自己面前筑了一堵墙,断了一条路。

张小姐是一家公司的外勤人员,是个聪明伶俐的女孩。她脑子灵活,言辞犀利,还有丰富的幽默细胞,无论到哪儿都是颗"开心果"。但如此可爱的张小姐,却得不到老板的青睐!

有一天,老板穿着一身新西装来上班。别人都是微笑地对老板说:"您今天真精神啊!"只有张小姐夸张地大叫:"老板,你今天穿新衣服了!不过款式好像是去年流行过的啊!"当时老板的脸色显得特别难看。

还有一次,张小姐带着刚刚谈好的客户和协议来找老板签字。看到老板龙飞凤舞地签名,客户连连夸奖老板:"您的签名可真气派!"张小姐听了又是一阵坏笑:"能不气派吗?我们老板可暗地里练了三个月!况且这是他写得最多的文字。"此言一出,老板和客户都陷入了尴尬。

开玩笑的确可以拉近人与人间的距离,缓和人际关系,是人与人之间交往的润滑剂,玩笑开得恰当、得体、幽默、风趣,会为周围的人带来欢愉。但如果玩笑开得出格,就会破坏人际关系。可见,开玩笑也要把握尺度,讲究对象、语言和方法。

当然,不要因为怕把玩笑开得过了火,就不与别人开玩笑,整天一本正经的,这样做没有太大的必要,因为别人会认为你是一个不可爱的人。所以,生活中与人开玩笑是必要的,那么在开玩笑之前,则应该多加注意相关细节。

喜欢开玩笑或嘲弄别人的人常不知不觉就过了头,因此要开玩笑之前一定要先三思,以免出口成刀,伤害他人。总之,涉及人身的、有批评味道的敏感问题及隐私问题的玩笑要少开,宁可不开玩笑,也不要让人产生不愉快。

1. 开玩笑勿以讥讽他人为乐事。苛刻的玩笑很容易陷入残忍,使他人受到伤害,陷于焦虑之中。通常,讥讽、攻击、责怪他人的玩笑,也能引人发笑,但是它却常常造成意想不到的后果,使本应欢乐的场面变得十分尴尬。

2. 勿涉及他人隐私。开玩笑常常会无意中涉及对方生活、工作上的隐私,如此时恰逢对方的恋人、亲人尤其是上级在场,很容易造成"言者无心,听者有意",甚至会破坏对方的"好事"。

3. 勿揭他人短处。将对方生理缺陷、生活污点等短处当做笑料一一抖出,会严重伤害对方的自尊心。

另外,并不是所有人都愿意别人跟自己开玩笑。每个人的习惯和性格都不一样,有些人习惯于同别人开玩笑,有些人则对任何玩笑都反感。长辈和上司在下属面前多数愿意保持严肃,希望晚辈和下属能尊重自己。他们往往会把下属的玩笑看做对自己权威的嬉戏和轻慢。所以,最好在长辈、上司面前保持庄重,避免随意开玩笑。

过度的抱怨会让事情变得更糟糕

在工作碰到挫折时，男人往往习惯于独自消化，他不会向其他同事透露烦恼，也不会表现出自己焦虑的情绪，因为他清楚这对完成工作毫无帮助。而女人较男人热衷于抱怨，习惯私下向朋友或同事表达各种抱怨与烦恼，最后可能全公司的人都知道她经历的挫折。结果当然可想而知，谁会欣赏和提拔一个爱发牢骚的女人呢？

一位叫赵琳的研究生毕业后的经历颇能说明这一点。赵琳是比较懒散的那种女人，不适合竞争太激烈的工作，所以毕业时当同学们都忙着拼命往外企或热门行业奔的时候，她不慌不忙地和一家私立学校签了协议，做起了老师。

刚工作了几个月，赵琳就开始厌恶自己的工作。办公室里都是老同志，空气沉闷而压抑。她不屑于打扫卫生，抱怨都什么年月了单位还在打开水；单位组织去秋游，她觉得没意思就没去；办公室琐碎而无聊的生活让她很失望，她盼望正经八百地当老师。

不久，她开始正式给学生上课，没想到这更增添了她的烦恼：大部分学生是在混日子，课堂纪律在他们的影响下变得乌烟瘴气，杂乱无章。一看到讲台下面那一双双玩世不恭、顽劣愚钝的眼睛，赵琳心里就泛起无名怒火。不知不觉中，赵琳成了一个暴躁的、不耐烦的老师，顽皮的学生并不怕她，想学习的学生又不敢接近她，反映到校长那里的评语几乎都是负面的，这一切让赵琳郁闷无比。加上学校原先许诺的高薪并没有兑现，赵琳还要和另外一个年轻的老师同住一间宿舍，而住宿条件甚至比她上大学时好不了多少。赵琳对这一切都充满了情绪，她说得最多的话就是发牢骚。

结果几个月之后，她就被辞退了。

产生种种抱怨情绪，甚至采取一些消极对抗的行动，是人的一种正常的心理反应。但是，如果我们老是一味地抱怨，而不用一种豁达大度的心态来对待人或事，就会将自己弄得狼狈不堪。抱怨毫无意义，至多不过是暂时的发泄，结果什么也得不到，甚至还会失去更多的东西。

人在遭遇不公正待遇时，通常会产生种种抱怨情绪，甚至会采取一些消极对抗的行动，这是一种正常的心理反应。但是，如果我们从另外一个角度看待问题，用一种豁达大度的心态来对待它，就会将这种不公正当做对成功者的一种考验。容忍和以德报怨是一种成熟的标志。一个将自己的头脑装满了过去时态的人是无法容纳未来的。对于女性朋友来说，聪明的做法就是停止计较过去，停止对自己所遭遇的不公正待遇耿耿于怀。

其实，无论在工作中，还是在生活中，我们经常会遇到许多羁绊和束缚，对于它们，我们毫无办法。殊不知，囚禁我们的不是别人，而是自己，是不健康的心态和偏激的态度让我们陷入了不开心的生活。当我们的生活不如意，做什么都不顺利的时候，有的人往往抱怨自己没有碰到好的机会，或者没有遇到好的环境，但很少有人会反思自己在个性上有什么问题，或者工作中有什么毛病。因此在抱怨一番之后，情况依然不会有什么改变。

人生在世，谁不渴望出人头地？美国成功哲学演说家金·洛恩说过这么一句话："成功不是追求得来的，而是被改变后的自己主动吸引而来的。"我们之所以没有成功，是因为在我们身上存在着许多致命的缺点，如自私、傲慢、急躁、没有明确的人生目标、缺少自信、做事情不脚踏实地等，这些缺点严重制约了我们的发展。只要对自己进行深刻的检讨，采取改进措施，我们的精神面貌就会发生巨大变化，甚至会感觉到自己在一天天地向成功迈进。

作为一个聪明的女人，不论在工作中碰到困难还是挫折，都不要私下向朋友或同事表达各种抱怨与烦恼。那样做既解决不了原有的困难，也会让团队成员对你产生不信任感。不要期待别人替你解决烦恼，面对困境，抱怨是无济于事的，只有不断地努力才能改善现在的处境。

适可而止，得理也别不饶人

“得理不让人，无理搅三分”，这是普通人常犯的毛病。其实，世界上的理又怎能让某个人占尽？俗语说：“饶人不是痴汉，痴汉不会饶人。”这句话告诉我们，无论做事还是说话，都应当“得饶人处且饶人”。

当对方无理或自知理亏时，如果你的“理”明显胜过对方，不妨给对方留一点余地。得理也让人，更能体现出一个人的气量与水平，给对手或敌人一个台阶下，往往能赢得对手的真心尊重。

“小姐！你过来！你过来！”顾客高声喊，指着面前的杯子，气愤地说，“看看！你们的牛奶是坏的，把我一杯红茶都糟蹋了！”

“真对不起！”服务小姐赔不是地笑道，“我立刻给您换一杯。”

新红茶很快就准备好了，碟边跟前一杯一样，放着新鲜的柠檬和牛乳。小姐轻轻放在顾客面前，又轻声地说：“我是不是能建议您，如果放柠檬，就不要加牛奶，因为有时候柠檬酸会造成牛奶结块。”

顾客的脸，一下子红了，匆匆喝完茶，走出去了。

有人笑问服务小姐：“明明是他土，你为什么不直说呢？他那么粗鲁地叫你，你为什么不还他一点颜色看呢？”

“正因为他粗鲁，所以我要用婉转的方式对待；正因为道理一说就明白，所以用不着大声！”小姐说，“理不直的人，常用气势来压人。理直的人，要用和气来交朋友！”

故事中的服务小姐，有理让三分，不仅赢得了顾客，更提升她的公众形象和社会地位。

我们说“有理走遍天下”，意思并不是说有了理就不依不饶。在得势的情况下饶人，矛盾会立刻缓解。越是有理，越表现得谦恭，往往越能显示出一个人的胸襟之坦荡、修养之深厚。

英国前首相丘吉尔，有一次骑着一辆自行车在路上闲逛。这时，有一位女士骑着自行车从另一个方向急驶而来，由于她没有刹住车，最后竟与丘吉尔撞到了一起。

“你这个糟老头没长眼睛吗？你到底会不会骑车？”这位女士恶人先告状地破口大骂。丘吉尔对那位女士的恶言恶语并不介意，只是不断地向对方道歉：“对不起！对不起！我还不太会骑车。看来你已经学会很久了，不是吗？”

这位女士的气立刻消了一半，再仔细一看，他竟然是国家原来的首相，她感到羞愧难当，喃喃地说道：“不……不……您知道吗，我是半分钟之前才学会的……”

从这个故事中，我们可以看到丘吉尔的胸怀和气度。在人际交往中，得理也要饶人，只有这样，才会受到别人的尊敬。

“有理让三分、得理也饶人”是避免斗争的极好方法，对个人也具有一定的价值。它具体表现在：

首先，得理不让人，让对方走投无路，有可能激起对方“求生”的意志。既然是“求生”，就有可能是“不择手段”，这或许将会对你造成伤害。

其次，对方“无理”，自知理亏，你在“理”字已明之下，放他一条生路，他会心存感激，来日自当图报。就算不会如此，也不太可能再度与你为敌。

再次，人海茫茫，却常“后会有期”。你今天得理不让人，怎知他日你们不会狭路相逢？若届时他势旺你势弱，你就有可能吃亏！“得理让人”，这也是为自己以后做人留条后路。

大部分人一旦陷身于争斗的漩涡，便会不由自主地焦躁起来，有时为了自己的利益，甚至是为了面子，也要强词夺理，一争高下。一旦自己得了“理”，便决不饶人，非逼得对方鸣金收兵或自认倒霉不可。然而，这次“得理不饶人”虽然让你吹着胜利的号角，但也成了下次争斗的前奏。因为这对“战败”的对方也是一种面子和利益之争，他当然要伺机“讨”还。

将心比心，才能做到宽以待人，推己及人。推己及人，是以自己为标尺，衡量自己的行为举止能否为人所接受，其依据是人同此心，心同此理，将心比心，设身处地。还可以用角色互换的方法，假设自己站在对方的位置上，想一想对方会有什么反应、感觉，从而理解他人，体谅他人。懂得了这点，当别人理短时你就会大度地宽容他人，他人才会在你理短时容让你，以此建立相互宽容的人脉关系网。

和盘托出，有时候会害了你

古人说得好："逢人只说三分话，未可全抛一片心。"没错，做人就是要有点心计，尤其是女人更要有这方面的心计，绝不能一时兴起就把自己的心思、想法和盘托出。

把心掏出来，这代表你对他人付出的是一片真诚和热情，但是世上知己能有几人，真能与你以一颗真心相待的人是不多的。况且，知人知面难知心，看似对方也对你掏心窝子，但难保他掏的不是"假心"！一旦你遇到别有居心的小人，刚好利用了你的坦诚，使你受到欺骗，这就像痴情女对薄情郎一般，最终受伤的是你自己。而会玩手段的人，更可以因此把你玩弄于股掌之中，那么这时你就会有危险了。

森林里，狐狸垂涎刺猬的美味很久了，但一直苦于刺猬的一身硬刺——只要一靠近，刺猬便蜷成一个大刺球，这让狐狸一点办法都没有。

刺猬和乌鸦是好朋友，一天，刺猬和乌鸦聊天，乌鸦很羡慕刺猬有这么好的铠甲，便说："朋友，你的这一身铠甲真是好啊，就连狐狸都拿你没办法。"刺猬经不起乌鸦的吹捧，忍不住对乌鸦说："其实，我的铠甲也不是没有弱点。当我全身蜷起时，在腹部还有一个小眼儿不能完全蜷起。如朝着这个眼儿吹气的话，我受不了痒，就会打开身体。"乌鸦听了不禁惊诧，原来刺猬还有这样一个秘密。刺猬说完后，对乌鸦说："我这个秘密只跟你说了，你可千万要替我保密，要是被狐狸知道了，那我就死定了。”乌鸦信誓旦旦地说：“放心好了，你是我的好朋友，我怎么会出卖你呢？”

可是过了不久，乌鸦落在了狐狸的爪下，就在狐狸要吃掉乌鸦的时候，乌鸦突然想到了刺猬的秘密，便对狐狸说：“狐狸大哥，听说你很想尝尝刺猬的美味，如果你放了我，我就告诉你刺猬的死穴。”狐狸眼珠子一转，便放了乌鸦，于是，乌鸦便对狐狸说出了刺猬的秘密。

后果可想而知。在刺猬被狐狸咬住柔软的腹部时，它绝望地喊道：“乌鸦，你答应替我保守秘密的，为什么出卖朋友？”

表面看来，这是乌鸦出卖了朋友，但真正出卖刺猬的其实是它自己。它生活在一个充满危险、弱肉强食的森林里，唯一能保护它的就是自己的一身硬刺，而它为逞一时的口舌之快，却把致命的弱处告诉了乌鸦。

女人有一个共同的毛病：肚子里搁不住心事，有一点点喜怒哀乐之事，就总想找个人谈谈；更有甚者，不分时间、对象、场合，见什么人都把心事往外掏。

其实这也没有什么不对，好的东西要与人分享，坏的东西当然不能让它沉积在心里，要说可以，但不能“随便”说，因为你的每个倾诉对象都是不一样的，说心里话的时候一定要有“心机”，该说则说，不该说千万别说。尤其是在职业场所，闲谈中一定注意不要涉及你自己的秘密。

心理学家调查研究后发现，事实上只有1%的人能够严守秘密。所以，当你的生活出现个人危机时，如失恋、婚变之类，最好还是不要在办公场所中随便找人倾诉；当你的工作出现危机，如工作上不顺利，对老板、同事有意见和看法时，你更不应该在办公场所中向人袒露心声。当你快乐地倾吐这些心事时，有可能他日被人拿来当成修理你的武器。

另外，你一下子就把心掏出来，如果对方是个谨慎的人，那么你反而吓着他，因为他怀疑你这么坦诚是另有目的，如果是这样，你不仅弄巧成拙，也弄坏了有可能发展的情谊。

因此，女性朋友与其把心一下子掏出来，不如慢慢观察对方，有了解之后再“交心”。你可以不虚伪，坦坦荡荡，但绝不可把感情放进去，要留些空间作为思考、缓冲——不掺杂感情因素，那么一切就好办了。

我们平时谈话的题材，其实多得很，你可以说风花雪月，或者柴米油盐、天文地理，总而言之，不应该涉及自己的隐私。这样虽然说得头头是道，说得淋漓尽致，说得皆大欢喜，但其实是言之无物，这样自然不会引来什么麻烦。

适当沉默，别总是喋喋不休

大部分女人是感性的，喜欢用语言去表达自己，女人天生的好奇心也会让自己什么事情都问个明白，讲个清楚。如果一个女人整日喋喋不休的，别人就会厌烦。因此，女人在掌握表达技巧的同时，还要学会在适当的时候保持沉默，有时无声胜有声。

女人的一生，应是极力显示自身价值的过程，应该以自己的方式去生活。如果把自己变成别人的赝品，又如何去创造生活、迎接挑战呢？在现实生活中，沉默总能给女人带来意想不到的力量。

相对而言，歌手王菲是一个静默的女子。一般来说，流行音乐演唱会要尽力营造现场的热烈氛围，歌手们大都会以煽情的言辞挑动、讨好观众。但王菲偏不。在她的大型演唱会现场，无数歌迷眼巴巴、热辣辣地望着心中的偶像，王菲却不说一句话，兀自唱歌，一首接一首，甚至没有任何形体动作。即使演唱会中间遇到下雨，王菲也不会跟观众做任何安慰。就这么个死活不理你的派头，歌迷还特别买账，以至她很长时间居于歌坛一姐的地位。不过，很少见到其他歌手模仿王菲的做派，底气与自信心不足，摆不起那架势！

沉默是一种品格，沉默也是一种境界。生活总是无端地冒出许多烦恼，喧嚣的世界又总是扰得人不得安宁。所以，女人要学会适当地保持沉默，找到摆脱烦恼的最好方法。很多时候，女人的沉默比大声吵闹更能表达自己的思想，沉默更具有摄人心魄的力量。喜欢沉默的女人，并不都是不善言谈，而整日喋喋不休的女人，则多是缺乏自信和主见的表现。

在人生绝大部分领域内，说得越少，就越显得神秘；越能掩藏自己的真实意图，就越能控制别人。当一个人能够适时地闭上嘴巴时，他就会获得更多成功的机会。

有一位不速之客突然闯入美国大富豪洛克菲勒的办公室，直奔他的写字台，并以拳头猛击台面，大发雷霆："洛克菲勒，我恨你！我有绝对的理由恨你！"接着那位不速之客恣意谩骂他达 10 分钟之久。办公室所有职员都感到无比气愤，以为洛克菲勒一定会拾起墨水瓶向他掷去，或是吩咐保安员将他赶出去。然而，出乎意料的是，洛克菲勒并没有这样做。他停下手中的活，用和善的神情注视着这位攻击者，那人越暴躁，他便显得越和善！

那无理之徒被弄得莫名其妙，他渐渐地平息下来。因为一个人发怒时，得不到反击，他是坚持不了多久的。于是，他咽了一口气。他是做好了来此与洛克菲勒作斗争的，并想好了洛克菲勒将要怎样回击他，他再用想好的话语去反驳。但是，洛克菲勒就是不开口，所以他反倒不知如何是好了。

末了，他又在洛克菲勒的桌子上敲了几下，仍然得不到回应，只得索然无味地离去。洛克菲勒呢？他就像根本没发生过任何事一样，重新拿起笔，继续他的工作。

不理睬他人对自己的无礼攻击，便是给他最严厉的迎头痛击！成功者每战必胜的原因，就是当对手急不可耐时，他们依然故我，显得相当冷静与沉着。

有许多人在遇到麻烦的时候，常常唠叨不止，因此暴露了自己的弱点。处在这种尴尬的情况下，与其聒噪不停，甚至说错话，倒不如保持沉默。

不同的沉默方式，如果运用恰当，会收到不同的效果。

1. 转变话题的沉默能使人乐而忘求

对要回答的问题保持沉默，选准时机谈大家关心的热门话题，往往是转变话题的最高明手法。

2. 一如既往的沉默能使人就范

当有人对自己分内的事却要推脱抱怨的时候，你越好言相劝，他越会以为自己受了不公正待遇。保持沉默，会让他在冷静后反省自己，并学会尽职尽责。

3. 咄咄逼人的沉默能使人不攻自破

对犯了错误的人，沉默是一种有效的冷处理，比喋喋不休的谴责更有力度。

4. 平平淡淡的沉默能使人深思

有些人态度积极，但发表意见时不免有些偏颇。直截了当地驳回，又易挫伤其积极性；循循善诱时，又费时间和精力，最好的办法便是平平淡淡地保持沉默。

几个人一起谈话时，你说他听，他说你听，相互交流，相互沟通时，虽不应该唱独角戏，但也不是要应答所有人的话，你应该懂得适时保持沉默。

适时保持沉默，是一种智慧的表现。在实际生活之中，如果能够灵活运用，将对我们的生活和事业起到不少的帮助。

第6章 爱情似糖,女人说点柔情蜜语才能拴住男人心

在男人和女人的二人世界里,女人需要得到男人的爱,而男人需要得到女人的称赞。没有什么比女人充满柔情的赞美更能激发男人的自信心和责任感。

聪明的女性千万不要吝惜你的甜言蜜语,它会使你的情感生活更甜蜜。当一个男人在女人的"崇拜"和依恋中感觉良好时,他就会踏入一个良性的轨道,按照她"预言"的指引去积极开创自己的事业,并给她更多更甜美的爱情。

平淡的生活偶尔需要点甜言蜜语来调节

在一些影视剧中,我们常常可以看到女人们神色黯然地抱怨老公:“现在,他对我一点儿热情都没有了,一天到晚,除了‘吃饭吧’、‘睡吧’,干巴巴地没二话,他到底还爱不爱我?”女人是花,需要男人用“我爱你”来滋润。男人呢?他们是否也需要来自妻子的爱情的表达?答案是肯定。但是由于男性一向以强大的施与者自命,他们担心暴露自己的心理需求,会招来别人的轻视和嘲笑,所以他们常常会下意识地隐藏自己的心思。

大部分女人都相信,她们是应该被爱护的、听人讲些甜言蜜语的。通常,女人抱怨自己的丈夫忽略她们,不知道赞扬她们时,往往也吝于对丈夫赞赏示爱。然而,最能够体贴地表示出爱心的女人,在付出爱的同时,也从丈夫那里得到了需要的一切。

其实,爱情的饥渴并不是女性专有的一种疾病,男人也会患这种病的。曾经有人把夫妻间对爱情的冷淡叫做“精神食粮不足”。这个比喻很恰当。因为男人不是只靠面包就活得下去的,有时候,他们也需要一杯充满爱的咖啡——还要在里面加一块方糖。

生活虽然看似已经被柴米油盐等非浪漫物质填满,充满了琐碎和枯燥,但若想学一些表达爱意的技巧,其实也很简单。

佳楠的丈夫对她可以说言听计从。在刚结婚的时候,以前的闺中密友经常打电话和她聊天,每当别人问道:“你现在还好吧?”她总是一脸幸福欢快地笑着说:“我很幸福!他对我很好,只要我哪儿不舒服,他就叮嘱我吃药、喝水……还有他做的饭菜好香好香……我工作忙的时候他就收拾家务,比我打理得还好……”在她这样说的时候,她的丈夫就在离她不远的地方,看上去似乎在忙碌自己的事情,其实正竖着耳朵听,心里高兴得不得了。实际上，一开始他只会炒鸡蛋，收拾屋子也是偶尔为之。只是到了最后，听到妻子在别人面前这样夸自己就有了劲头去做，后来便成了一个“模范丈夫”。

女人在施展自己的拿手本领、发挥甜言蜜语功效的时候，一定要将美好的感情和对男人的爱敬之心见之于言表。反之，总把不好的感受放在心上，并讲些令人不高兴的话，讲话的语气又很直、很冲，时间长了，定会使人厌烦。要维持感情的热度，语言就要有热度，所以还要增加一些感激、安慰、鼓励和体贴的话。

其实，在恋爱期间需要甜言蜜语，走进婚姻的殿堂后男女双方更需要甜言蜜语来滋润婚姻。在讲话的时候，不要太苍白，太没有人情味，讲话直来直去，会招致情感上的冷淡，甚至走到家庭破裂的边缘。

语言是人类文明的标志，生活在现代文明社会的夫妻，更要充分利用语言进行沟通。一方说句笑话，或开一个玩笑，一下子就使气氛活跃起来了；表示一下亲热，说一句温柔体贴的话，立即唤起对方心底的暖潮；一句抱歉和亲切的抚慰，立刻化解了对方的怨气；争论不休的问题，却因一句甜蜜的情话和温柔的爱抚而变得心平气和……

一天傍晚，于军夫妻二人因为一件小事闹了点别扭。于军推门就走了，妻子也很生气，可是冷静地一想，也觉得是自己理亏，因为脾气不好，有话没有好好说，这时自己的气也消了，反而对丈夫放心不下。9点多钟，于军还没有回家，于是妻子拨通了丈夫的手机，温柔地说：“老公，你没事吧？我等你回来。”于军只觉得心头一热，对妻子再也气不起来，原本“住三天办公室”的想法此时已烟消云散。

妻子不失时机的一番关爱之语，向丈夫传送了自己的关心与牵挂，语虽短，意却浓，话虽简，情却真，令丈夫不由得怦然心动，怨气全消。

不论是热恋中的情人还是夫妻之间，爱情的表达并不是多余的，它可以将平淡的生活之海激起一朵朵五彩的浪花。但现实生活中却有许多人忽略了这一点，结果感到婚后的日子平淡无奇，少了激情，甚至陷入情感危机。其实有时候，一句直抒爱意的“我爱你”，分别时候的一句“我想你”，对你来说可能只是举“口”之劳，可对对方来说却是倍感温馨。

如果你有心让男人知道自己喜欢他，对方不会毫无感觉的，热情与接纳是促成“来电”的催化剂。

有了女人的“积极暗示”，男人会有更优秀的表现

在我们的情感生活中，有一个非常有趣的现象是，男人们的自我评价大部分来自妻子对他们的看法。如果妻子说他经常不守时，不懂得理财或者穿着邋遢，那么丈夫在某种程度上就会相信自己是这样的人，因为他相信妻子是这个世界上最了解自己的人，她的说法不会有错。

有个小故事，充分证明了这个观点。一次家庭宴会之后，丈夫帮助妻子收拾碗筷时，他的妻子想起了多年前的一件小事，就转身对她的一个朋友说：“小心！他常常会端不住碗，把汤洒得到处都是。”事情果然被她言中了，丈夫似乎是按照妻子的“旨意”去做的，当然，妻子并不希望他出错，但是丈夫却感觉到无论怎样这个错误都会成为事实。

有些妻子随时都要给丈夫一些提示，当然，她的出发点是好的，这也是为了匡正丈夫的行为，不让他出乱子，但结果往往不尽如人意。

向丈夫传达出负面暗示不但容易使他受到伤害，而且对于我们来说也不会有任何收效。如果你认真审视一下你们夫妻间的关系，就不难发现这些负面暗示从未起到任何作用。在你明确地指出他的不足之后，他并没有花更多的时间陪孩子，没有比以前更频繁地去看医生，也没有就此改掉一些不良习惯。通常情况下，当一个人丑陋的一面被揭开时，他是不会试着完善自己的。他最多不过是心不在焉地配合一下，最糟糕的是，他会很反感并按

相反的意思行事。当你习惯了使用这种负面暗示的方法和丈夫相处时,最终会导致你的丈夫产生逆反情绪,使事情越来越糟。

相反,来自妻子的积极暗示,却可以帮助丈夫找到自信,甚至充分挖掘出他的潜力来。

因为单位不景气,小米的丈夫下岗了。他先是卖了一年报纸,后来发现经销图书很有发展前景,就开了一家书店。事业刚起步,一切都很艰难,但小米却没有忘记给老公打气。当着亲朋好友,她总是自豪地说:"以前,我真不知道他会这么能干,其实,他过去只是没有找到发展自己才华的机遇而已。现在可好了,他在这个行业里如鱼得水,我真佩服他掌握的行情那么准,捕捉的信息是那样的多,对读者的需求把握得那么好,进的书总是好销,总是供不应求……"毫无疑问,妻子的夸奖,给丈夫树立了良好的形象,从而也激励着丈夫把书店的生意做好。

对丈夫表现出信任是负面暗示的对立面,当丈夫看出你相信他会在事业上取得成功、会照顾好孩子、会明智地进行投资时,他不会忍心让你失望。

当你给予丈夫充分的信任时,即使你的信任看起来有些过火,但只要是信任就会激发丈夫不懈地朝更好的方向努力,同时唤醒他对你本能的温存。这时,你会相信自己当初决定嫁给这个男人是个正确的决定,他也会给予你更多的快乐和宠爱。

如果你的丈夫真的失败了,他的老板将会毫不迟疑地告诉他。但是在家里,在早餐的时候,在床上,你应该勉励他,人人都可以成功的。向丈夫说"你无论如何也不会成功"的妻子,只会使这句话更快实现。

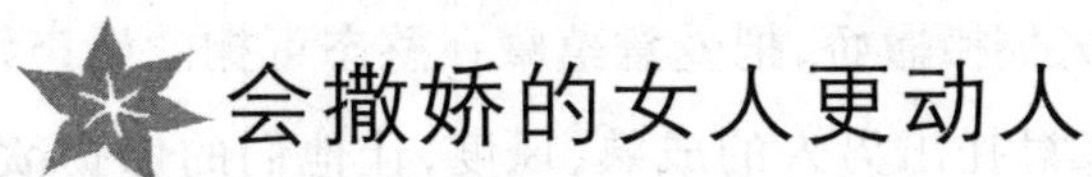

会撒娇的女人更动人

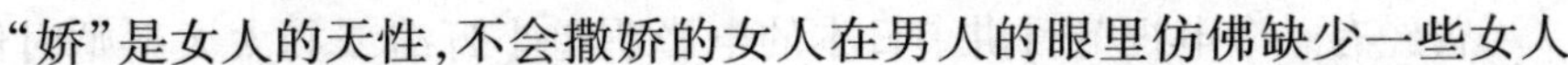

"娇"是女人的天性,不会撒娇的女人在男人的眼里仿佛缺少一些女人

味。凡是女人均会使用这一技法，也最擅长使用这一技法。使用这一技法，无坚不摧，无往不胜，在男人面前屡试不爽。娇是小鸟依人，娇是女人捕获男人的迷魂剂。

从男人和女人的心理特点上来比较，男人与刚性相连，具有侵占和保护性，而女人与柔性相连，具有接纳和被保护性。如果女人身上需要被保护的特质逐渐消失，男人无法在女人的身上实现自己的保护人角色，那么不和谐也就应运而生了。

撒娇是家庭矛盾的缓冲剂。如果一个女人在心血来潮时，花大钱买了一件根本穿不下去的衣服，但她的丈夫却正在为还房子的贷款而深夜加班。当丈夫发现时怒气冲冲地指责老婆乱花钱时，如果老婆说："花的是我自己的钱，又不是花你的钱，要你管。"那么家庭矛盾就会立即升温，如果老婆先是掉几滴眼泪再撒娇地说："呜呜，你干吗这么凶，人家也不知道嘛，老公你好凶，我也是因为想打扮漂亮一点让你看嘛。"男人听到这样嗲声嗲气的话语，一定会很心疼的把老婆搂进怀中，然后轻声地说："我不是故意的，别哭了，是我的不对。"一场矛盾就可以这样大事化小、小事化无了。

撒娇之所以能成为对付男人的武器，就是因为男人喜欢温柔甜美的女人，喜欢顺从乖巧的女人，更喜欢会撒娇的女人。而女人在自己的丈夫面前，无疑都是美女，于是，撒娇作为锦上添花的装饰，是平淡生活中不可或缺的调料。

男人面对竞争，面对着越来越冷酷的世界，他们不得不坚强面对一切。为了支撑一种山的威严，他们不知道忍受了多少痛苦和失败。他们从来不把痛苦写在脸上，也从来不把失落带给家人。但是，他们却需要一种来自家庭的温暖来安抚他们的创伤，在艰难的人生旅途中获得轻松，感受快乐。

这时候，女人们撒撒娇，把爱意蕴藏在憨态可掬的娇声娇气里，让自己孩子般的举止来衬托出男人的成熟、风度，让他们的保护欲得以发挥。如此，他们就会重新认识自己，就会产生新的动力、新的生命力。

曾经有一个电视节目讲了日本的电影明星小野浩二和太太新婚时候的

事情,那是一个感人的故事,也是一段令人感动的回忆。

当时的小野浩二还不是什么大牌的明星,他只是当时女星藤原纪子的助手。小野浩二结婚的时候他和妻子两个人都只有二十出头,两手空空,什么都没有。他们勉强租了间公寓开始了新生活,但是连多买一条棉被的钱也没有,两个人就卷着一条旧棉被睡,生活异常艰苦。

有一晚,两人像往常一样卷着棉被睡觉,小野浩二感到妻子用手指头在他背上写东西。仔细一琢磨,原来是个“爱”字。妻子在小野的背上写了满满的“爱”,这令当时还一无所有的小野内心十分感动,于是,他发誓一定要加倍努力,让妻子不再过这种艰苦的生活。最终,他在妻子的帮助下走上了演艺道路,并成为日本著名的明星。

撒娇的女人并不是无知的、无能的,也不是依赖的、软弱的。撒娇是女人最温柔的手,她们用这双手拨弄着生活浪漫而温馨的琴弦。

无论时代发展到什么样子,撒娇终究只能是女人的专利和武器。撒娇不仅是女人的一种魅力,撒娇更是一种享受,是对生活的另一种理解。它可以使女人永葆青春,可以使男人洗掉心灵上的尘埃,享受生活中的幸福。

撒娇固然可以增加生活情趣,促进感情,但万事物极必反,过犹不及,撒娇太多太滥也不行:其实女人向男人撒娇,无非是想博得他行动或是语言上的怜爱,如果他已经有所表示,那聪明的女人懂得见好就收。若是得了甜头还不收手,继续一味地胡搅蛮缠下去,一两次可能还会奏效,时间一长恐怕他会认为你太不讲理,太难伺候,从而心生厌烦。因此,最有效的撒娇,就是懂得收放自如,进退有度,这样才能风险最小回报最高。

女人,展现你的浪漫,满足老公的潜在渴望

从热恋进入家庭的那段日子,可以说是最幸福、最甜蜜的时光。新婚的

甜蜜，也是因为两人初次同居一室，哪儿都是没见过的新鲜。因此，不会有厌倦的感觉。于是，二人相敬如宾，相互间一不留神儿露出的缺点也都假装看不见。新婚燕尔也正是两个人热恋的延续和升华。

新婚的保鲜期是很短暂的，时间长了，新婚时的甜美就会被日常生活的打扫屋子、洗衣、做饭等琐碎的事情给淡化了，热恋时的那份热情也会消失殆尽。漫长的婚姻之旅常会在不知不觉中使生活变成一杯白开水，生活的柴米油盐会让女人那颗本来很浪漫的心变得平实而乏味，不再注重情调，不再追求精彩，不再柔情似水……日复一日的生活，使两人之间再也撞不出激情的火花。

常言道"相爱容易，相守太难"，走进婚姻，两个人的路才刚刚开始。聪明的妻子应该懂得保持热恋时的浪漫，让婚后琐碎而平淡的生活时时有惊喜、日日有新意，这样才能永葆爱情的新鲜美好，相守也会变得容易一些。

男人需要的不光是穿衣吃饭，更需要一种浪漫，一种情调，来自妻子的一句温柔关心的话，有时比什么美味佳肴都更让人觉得有滋味。所以，聪明的女人应该懂得不仅要享受浪漫、珍惜浪漫，更要为爱情和婚姻生活创造浪漫。

宋家明是一位有名的钻石王老五。他外表不是很英俊，但每月五位数的薪水，外加公司专门给他配备的宝马以及三居室的豪宅，对于女孩来说这些还是很具诱惑力的。他大学毕业之初，曾在国有银行的总部做外汇管理工作，周游过列国，见多识广，因此对老婆的人选极为挑剔——既要受过高等教育，又要年轻靓丽；既要温柔贤淑，又要善解人意；气质要好，皮肤要好，性格也要好。按他的标准，没几个女孩合适，因而他的身边美女无数，却没留下一个。不曾想如此挑剔的男人，却被一个外表普通看似没有什么特别的小女子征服。

女孩叫蕙蕙，热情活泼，一笑俩酒窝，邻家女孩的感觉，很亲切，很舒服。她风趣好动、活泼热辣的个性很容易把男性的目光吸引到身边来，宋家明也不例外。他喜欢这个有意思的小女人，喜欢她顾盼流转的眼神以及眉飞色舞的快乐。

宋家明直言，见过美女无数，却不曾见过狐媚如蕙蕙的女子，总有一些小动作，一些软言细语撩拨得他心旌荡漾，想入非非，和这样的女人生活在一起，总会有些意想不到的快乐。躺在床上，正心烦意乱睡不着觉的时候，她会跑过来坐在床边跟你说：宝贝，你睡吧，我来拍你。然后一边轻轻地拍你，一边轻轻地哼起了催眠曲；或者你正在刷碗，她从后面抱住你，用脸不停地摩挲你的后背，然后告诉你：亲爱的，有你，我觉得真幸福。这些都让他觉得特满足。

男人对女性的要求非常耐人寻味，明达的人早就有总结：当他们和一个良家女子在一起的时候，他们希望在她身上看到荡妇的风尘味道；当他们和一个真正的风尘女子在一起时，又希望她温婉娴雅，像一个良家女子。当一个女人成为一个男人名正言顺的妻子时，她那和身份完全吻合的勤谨、贤惠、不温不火的表现，在他的眼里会慢慢变得索然无味。在男人的潜意识里，无不渴望妻子偶尔变变脸、出出格，给自己带来一种完全不同的感觉。女人的风情，女人的性感，全在这种改变中流露。

出乎意料地给对方惊喜，常会起到感情“兴奋剂”的作用。因此，创造一点意外惊喜，对增进夫妻感情很有好处。如瞒着对方，将他在远方的亲人接来会晤，为对方买一件很想得到的物品，为夫妻俩创造一个对方意想不到但非常喜欢的活动等，都可使对方感到意外惊喜，从而在惊喜中迸发出强烈的感情火花。

一个幸福的家庭可以由浪漫来创造，而一个不再甜蜜的家庭也同样可以由妻子的浪漫来挽回！每一个浪漫都会让丈夫感到满足和快乐，每一个浪漫都会让你感受到爱情的真谛。所以，聪明的女人一定要重视浪漫，要知道如何制造浪漫的情调，懂得在平凡的生活中去追寻浪漫。

有了矛盾，不妨开个玩笑

大多数人在婚前恋爱时都是花前月下、卿卿我我、甜言蜜语，赞美之词随时道来，但婚后取而代之的则多是互相批评、抱怨指责，均以为结了婚就如进了爱情的保险箱，用不着像婚前那样挖空心思讨好、赞美对方。因此，很多夫妻婚前甜言蜜语，婚后争吵不休，难怪有人会说"婚姻是爱情的坟墓"。此话虽然有点言过其实，但也并非全无道理。然而，生活中却有许多夫妇，婚后感情与日俱增，两情相悦，恩爱有加，爱情之花常开不败，很让人羡慕。究其原委，系于夫妻感情发展得法而越来越深厚。

夫妻生活中不可能没有矛盾，那么有了矛盾怎么办呢？有这样一对夫妻，在争吵高潮中妻子说："天哪！这哪像个家呀！我再也不能在这样的家里待下去了！"说完提起自己的皮箱就走。她刚出门，丈夫就在后面喊："等一会儿，咱们一起走！天哪，这样的家有谁能待下去呢？"丈夫也提着自己的皮箱赶上妻子，并接过她手中的皮箱，不知在哪转了一圈，回来就像刚度完蜜月一样。

美国《今日心理学》杂志宣称：一齐发笑的夫妻，通常能维持到永远。一项心理学研究成果表明，幽默感相同的夫妻较易相爱和共偕连理。学会幽默，使夫妻之间充满欢笑，是我们每个人的责任。当你和自己的爱人在一起的时候，你应该运用自己的幽默，妙语横生，引人发笑，调整家庭气氛，消除疲劳和忧郁，使家中到处都流淌着笑声，到处都充满爱意。

幽默的谈吐也是家庭生活中丈夫或妻子用来与对方进行交流和增进彼此关系的"润滑剂"。任何一对夫妻都不希望家庭感情出现危机乃至破裂，都希望拥有一个充满爱意的家，这就要求夫妻之间经常进行语言交流，沟通思想，互相关心，而且要尽量运用形象化的幽默语言。譬如，丈夫忘做了什么事，妻子幽默地点一下和大声埋怨，产生的效果肯定会明显不同。因为幽默可以帮助人消除烦恼、忧愁和疲劳，有利于增进身心健康，化干戈为玉帛，使夫妻之间的矛盾一笑而了之。

在二人世界里，如果你失去了幽默感，那么距离你们之间疏远的日子也就不远了。这意味着你已经为伴侣的一举一动焦头烂额，你会常常因为无法从你们的关系中得到某种东西而心神不宁。

达拉是一位优秀的律师，但在生活中她并不是总保持着那种严谨认真的面孔，相反，她是一个充满活力和幽默细胞的女人。

一次烛光晚餐中，达拉的男友批评她指甲油的颜色时，她说："太晚了，意见部门已经下班了。不过你明天可以发一份传真，说明你的意见，我们把它保存在那边的意见箱里（当时她指着厨房里的垃圾）。"现在，两人仍然在一起，他已经彻底迷恋上她了。然而直到今天，她仍然在涂同样颜色的指甲油。

对于一些道理不是那么"充分"的指责，如果你不是一味地为自己辩护，而是一笑置之，会让对方更加尊重你。正是在这种情况下，才可以反映出你是否拥有自信。

在忙碌的生活中，爱人之间若能运用幽默的语言调节心情，缓解生活的重负，分担对方的痛苦，不但是爱意的语言表现，更是和谐生活的需要。我们相信，不论在什么情形中，一对善于用幽默来润滑生活的伴侣，他们所获得的安宁和快乐肯定要比那些整天吵闹不停的家庭多。

甜蜜的感情也需要善意的谎言

"爱一个人，就要爱他的一切，包括他的缺点。"这话虽有些拔高的嫌疑，却毕竟阐释了一条爱情的真理。当一个女人选择了一个男人作为终身伴侣时，她就和他踏上了同一条船，两个人相处愉快，配合默契，这条小船才能更

平稳一些，划得更快一些。若一直吵吵闹闹、别别扭扭，小船就容易搁浅，给身在其中的每一个人带来的都是难堪和伤害。

再坚强的男人，都需要女人温柔的抚慰。一个好女人可以改变一个男人对自己的看法，使他变得更像个优秀的男人。

汤姆·乔斯顿在战争中受了伤，他的一条腿有点残疾且疤痕累累。幸运的是，他仍然能够享受他最喜欢的运动——游泳。

一个星期天，在他出院以后不久，他和他的太太在汉景顿海滩度假。做过简单的冲浪运动以后，乔斯顿先生在沙滩上享受日光浴。不久，他发现大家都在注视他。从前他没有在意过自己满是伤痕的腿，但是现在他知道这条腿太惹眼了。

第二个星期天，乔斯顿太太提议再到海滩去度假，但是乔斯顿先生拒绝了，他说自己宁愿留在家里。可他太太的想法却不一样。“我知道你为什么不想去海边，汤姆，”她说，“你开始对你腿上的疤痕产生错觉了。”

“我承认了我太太的话，”乔斯顿先生说，“然后她向我说了一些我将永远不会忘记的话，这些话使我的心里充满了喜悦。她说：‘汤姆，你腿上的那些伤痕是你的勇气的徽章，你光荣地赢得了这些疤痕。不要想办法把它们隐藏起来，你要记得你是怎样得到它们，而且要骄傲地带着它们。现在走吧，我们一起去游泳。’”

我们都希望，自己爱上的男人像施瓦辛格一样有一身发达的肌肉，像日韩明星一样有一副英俊的面孔，但是说出来，无疑让对方伤心悲叹、自惭形秽。告诉他，你喜欢他毛茸茸的啤酒肚，因为它让你在冬天感觉到春天般的温暖。告诉他，你喜欢听他夜里像大灰熊一样打鼾，这样你感觉到安全。如果你爱他，就告诉他，你欣赏他的一切，他的缺点就是他的特点。你爱的就是他，他不必为了和你在一起而需要改变。

现在社会上有很多少年得志、腰缠万贯的男人，可你的爱人现在只是一个囊中羞涩的打工仔。你爱上他，不是因为他的存折，而是因为他的本身。因为他健康、勤奋、幽默、善解人意而又忠实可靠。你选择他是因为你认为他是潜力股，他会富起来，他会让你的后半生过上物质文明和精神文明双赢的生活。没错，这就是你的如意算盘。可现阶段他的确没有给你买房、买车的能力，为此他时常向你道歉，抱怨自己没本事，让你受苦。此刻，无论如何你都要编出一个美丽的谎言："我真的不介意你有多少银子。"

在自己面前，你的伴侣总有些盛气凌人的感觉。突出表现是，在和你谈天论地的时候总是喜欢争论，而且一定要分个高下。当然，如果是你高他下，他肯定不会停止，他会在马路上突然提高音量，为了电影中某个角色的演技高低和你较劲。此刻，提高音量和他针锋相对显然是欠明智的，你需要给男人一点面子，哄哄他"你是对的，说得蛮有道理的"。暂时的退让只是为了日后更好地取用，男人总自以为是地认为自己知道一切、控制一切，可真正有实际控制力的是女人，女人总能不动声色地操纵着全局。所以，别和他计较了。

生活中的摩擦不可避免，女人要明白，有一些善意的谎言可以减少矛盾的伤害，甚至拉近你们的距离。你必须做聪明的女人，才能在两性关系中对男人更有吸引力。为了让他更爱你，为了让你们的关系更紧密，你必须给予你的伴侣积极的影响。

第7章 职场打拼，能说会道的女人才能在职场顺风顺水

对于职业女性，每个人都要和不同级别、不同类型的人打交道，哪一方面的关系理不顺，都会对自己产生不良影响。

为了使我们在职场中的表现更为聪明和得体，需要具备两方面的技巧：对外，要有细致的观察能力，摸透对方的喜恶，摆正自己的位置；对内，要努力发掘出自己个性中积极、热情、随和的一面，给对方一个良好的印象。

摆正你在职场的位置，首先要尊重别人

对于职业女性来说，每天要接触方方面面的人，谈话内容可能还会涉及工作以外的各种事情，然而，说话不适宜常常会给你带来不必要的麻烦，因此与人谈话必须要掌握好分寸。

要做到相互沟通，除了相互帮助、相互谅解之外，得体恰当的语言也是非常重要的。许多争执，甚至发生在平素关系非常密切的同事之间，很大一部分原因就是说话不讲艺术，使对方误解，以致造成隔阂。

在与人交谈的时候，要多加注意倾听对方的讲话，并且给予适当的反馈。聚精会神地聆听代表着理解和接受，它是连接心灵的桥梁。职业女性在表达自己的思想时，要讲究含蓄、幽默、简洁、生动。含蓄既表现了你的高雅和修养，又可以起到避免分歧、说明一些观点、不损伤关系的作用。另外，要注意场合，措词要平和，以防伤害他人的自尊心。

李教授是北京一所高校的知名教授，一天，他正在办公室里备课，有人敲门，他就习惯性地说了声“请进”。抬头一看，是一位女生，但是他并不认识，他想也许是找别的老师的。但是那个女生四下看了看，并没有确认自己找谁，而张口问道：“李 XX 呢？”

这话一出口，大家都愣了一下，都往李教授这里看。李教授心里也很纳闷，在学校里这么多年，还没有谁敢直呼其名的。他脸色微微一变，但还是有礼貌地对她说：“我就是，找我有什么事吗？”

那个女生大大咧咧地说：“噢，你就是李教授呀，我可早就听说过你了，我是某某教授的学生，我的论文你给我看一下！”

原来，当时有规定，论文答辩时要请一个校外的专家来指导。这个女生是外校的学生，是来找李教授给自己批阅论文的。

李教授到底是有涵养的人，看到这个学生这么没有礼貌，并没有发火，只是随口说道："那你就放这里吧！"

这个女生就把自己的论文往他的桌子上一扔，说："你快点看呀！后天我们要论文答辩，你可别耽误我的事！"

李教授再也忍受不了，说："请问你是找人办事还是下达命令呢？你把论文拿走，我没有时间给你看！"

有不少职业女性，尽管已经工作多年，可身上依然有那种天真直率的学生气，她们内心也许并没有把自己当公主，把别人当仆人，可是说话没轻没重，让人难以接受。

一个谈吐动人、温文尔雅的女性，做人不能随心所欲，大大咧咧，而应该善待他人，认真地关注他人，真诚地倾听他人说话，真实地感受他人。如果一个女人金玉其外却言辞粗率，那她就只是个绣花枕头。这样的女人也许可以给人留下一个美好的第一印象，但却无法将这种好印象持续下去，甚至可能在开口的一瞬间就将它破坏殆尽。

作为一个年轻的女性，在与年长的同事接触时，最好谦虚些、服从些。当然，尊敬是最起码的要求，毕竟年长的同事往往高你一辈，经验也比你丰富得多。与这样的同事谈话，切不可嘲笑其"老生常谈"或"老掉牙了"，而应该始终持尊重的态度。

对于年纪比你小的同事，也要注意一定的分寸——应该保持慎重、深沉的态度。年纪较小的同事，有些人思想可能比较冒进，或知识经验不及你，所以与他们谈话时，注意不要对其随声附和，降低自己的身份，但也不要同他们进行辩论，不要执意坚持自己的意见。只需让他们知道，你希望他们对你有适当的尊敬，他们就会因此而保持适当的态度和礼仪。当然，你千万不可夸夸其谈，卖弄经验，在自己的知识范围外还信口开河。否则，一旦被他们发觉，就会降低对你的信任与尊重。

对于年龄相仿的同事，态度可以稍微随便些，但也应该注意分寸，不可出言不逊，伤人自尊。在与自己年龄相仿的异性同事说话时，尤其注意，不

宜乱开玩笑，态度暧昧，以免引起一些不必要的猜疑。

聪明的女性在与同事交谈时，一定要注意自己的表达方式。同事之间由于看问题的角度不同，就工作中的一些具体问题看法出现分歧是正常的。如果我们养成换位思考的习惯，就不难理解对方。当然，如果你认为自己的看法是对的，就努力说服对方接受。即便如此，也只能以理服人，否则就有可能伤害相互的关系。

面试时，如何在“三言两语间”让面试官给你机会

现在社会招聘的广告越来越多，表明社会对人才越来越重视，同时，现代人不再是坐待“伯乐”的谦谦君子，“毛遂自荐”不再受到世人非议。为了使自己的才智和潜能得到最佳的发挥，人们往往需要自我推荐。招标的答辩、招聘的面试、求职的自荐，都需要恰当的言辞来充分展现“自我”以求得认同。

面试场上你的语言表达艺术标志着你的成熟程度和综合素养。对于女性求职应试者来说，掌握语言表达的技巧无疑是重要的。

首先，女性在走进面试考场时，你应尽量放松自己，表情自然，面带微笑，给人以真诚、亲切的印象。而应聘者的第一句话是非常重要的。据不完全统计，有70%的应试者参加面试时，不主动说第一句话，沉默地等待主考人发问，或虽然主动说话，但不得体。只有30%的人能有礼貌、得体地说好第一句话。一般来说，第一句话可以是问候、请示或自我介绍，如“您好，我是王洋，来参加面试”等，要根据当时的实际情况灵活掌握，不能弄巧成拙。创造良好的开端，可以给主考人留下良好的印象。

其次，主考官都喜欢积极参与且开朗的人。因此，应试者不能消极被动地坐在那里等着回答问题，要积极主动地参与交谈，适时调控面谈的进程，达到说服对方的目的。当然，交谈要掌握分寸，不能喧宾夺主。讲话在精而不在多，说话过多就难免失之轻率。说话要力求把握要点，说一些无关的事会于己不利。

来京求职的刘薇在连吃了几次“闭门羹”之后，又鼓起勇气叩开了气派豪华的金澜公司的大门。

人事部工作人员粗略地看了一下刘薇的简历后，说要把她引见给总经理，刘薇一听又惊又喜，她听说总经理很少来北京，也算是巧合吧，竟被她碰上了。于是，她稍稍整理了一下自己的衣饰，走进那豪华的总经理办公室，一位中年男性懒洋洋地说了声“请坐”，又忙起自己的事儿来。

“您好，王总，这是我的简历，应聘贵公司商务代表。”为打破僵局，刘薇毕恭毕敬地递上简历。“嗯。”总经理皱着眉看了起来，看过后随手把她的简历塞进了旁边一叠材料的最下层。

“好了，你可以走了。”多次的被拒绝和劳累使刘薇倍感失望，刹那间，有种竭力想挽回的意念支配着她的行动，她快速走到这位经理面前，坚定地说：“王总，这次应聘我不怕失败，但是我期待成功，希望未来的日子能成为贵公司的一员，我想，我能行。”说完，她从容地离开了。

第二天，正当刘薇要去另一家房地产公司面试时，她的手机响了，是王总的声音。他告诉刘薇，她的面试成功了。

女性在面试时一句恰当的自我表白，能助你应聘成功。面试讲话在精而不在多，回答问题要力求把握要点，精练准确，有条理，不走样。重复的谈话会使人觉得你平时说话办事也一定唠唠叨叨、婆婆妈妈。

自信是成功的第一秘诀，求职同样如此。不论你希望从事什么职业，都要首先除去对该种职业的敬畏心理，要认为自己有资格担任那项工作，如果被雇用的话，会做得很好。这是求职必须做的一项心理准备。

判断一个人是否具备充足的信心，当然要从多方面衡量，但是在求职面试中，需要速战速决，给人好感，此时谈话的技巧就极为关键了。

有一位女士虽然各方面的条件都相当优秀，但在就业面试时却失败了，究其原因，就是由于说话的声音太小。后来她在另一次面试中，加大声音说话，结果就被录取了。

事实上，小声说话往往给人不够开朗、缺乏自信的感觉，这种人就算说话的内容再精彩，给人的感觉也不会太强烈。

通常每当对自己面谈的内容没有信心，或者身体不太舒服时，就不会刻意地大声说话。一开始就小声说话，会给人软弱的印象，有时甚至会让人产生不想再听下去的念头。因此，说话大声点，不但可以让别人重视我们，而且也具有提高自己信心的作用。

另外，在说话时必须掌握好停顿的技巧。适当的停顿不仅能使讲话层次分明、重点突出，还能够使听的人明白你所讲的内容分几个段落，这样既能吸引听话人的注意力，又能使前后互相照应。当我们转换语言、承上启下，或提示重点，总结中心思想的时候，就需要停顿，而停顿的时间按具体情况处理，短则两三秒钟，长则不超过十秒为宜。

如果不懂得适时地停顿，滔滔不绝地一直讲下去，会使人产生急促感，对于你的讲话也就可能“不知所云”。

求职面试，也是寻常事，与其将它当成一次重大考验，不如把它当成一个表现自己的舞台。这样，你可能就会表现得更出色一些。

赞美你的同事，创造出和谐互助的工作氛围

沉闷的办公室，充满了各种文件和繁杂的公务。有一天也许我们会发现曾经让我们热爱和感兴趣的工作，不知不觉中变得让我们失去了热情，当

我们面临越来越大的工作压力，我们的情绪会变得焦虑和抑郁，心情会变得烦躁，经常想一些不愉快的事情，使那些简单的工作也变得复杂起来。而在这个时候，我们内心深处会涌起一种热望，渴望关心和赞美。

人类行为学家约翰·杜威说："人类本质里最深远的驱策力就是希望自己具有重要性，希望被赞美。"因此，对于他人的成绩与进步，要予以肯定、赞扬和鼓励。别人有值得褒奖之处，你应毫不吝啬地给予诚挚的赞许。

赞美他人不一定非要在一些大事上面，如果发现他人身上有一些值得称道的小事也应该及时地说出来。赞美他人要有分寸，不离谱，恰到好处，不能给人肉麻的感觉。可以从日常细节下手，比如同事穿了一件新衣服，你第一次遇上他，可以摆出一副欣赏的神色，兴高采烈地赞扬："噢，穿得叫人眼前一亮哩！"有人穿了新鞋、烫了头发，甚至背了个新手袋，你也可以套用以上的赞美词。不过要记住，必须在第一次见面时就说，否则就流于虚假和公式化。

除了打扮，请多注意同事的工作表现。某个同事刚好成功地完成了某项任务，或者顺利出差回来，别忘了恭贺他们，说：

"你真行，难怪老板器重你！"

"你的干劲实在值得我们好好学习！"

"旗开得胜，看来下一个任务又是你的囊中物了！"

这些说法并非是做人虚伪，而是一门艺术，如果你能够多留意别人的长处，学会欣赏别人，对你的人际关系一定有很多的好处。

赞美要掌握好度，某人有十分的优点，倘若你仅说他有五分，会让他觉得心闷，认为你言不由衷；如果你夸张到二十分，则会让他觉得别扭，又认为你在挖苦讽刺他。

赞美有如此的魔力，那么，怎样才能掌握好赞美的度呢？

1. 赞美要恰如其分

每个人都有许多优点和个人的特色，如果赞美符合对方的实际情况，则能够收到良好的效果；假如你的赞美不符合事实，只是随口凭空捏造，则成了“虚伪”。

如果我们对一位清洁工人进行这样的赞美:“你真是一位成功人士呀!你具备非凡的气质,你是一位非常伟大的人!”对方一定会认为我们是神经病,因为这些话好像跟他没有任何关系。但此话如果换成对一位商场耆宿说,必定会起到非凡的效果。

2. 赞美一个人引以为荣的事情

要赞美,就必须找到可赞美之处。而要找出别人的可赞之处,就要用眼睛去发现、去挖掘,这也是我们能够在最短时间里获得别人好感的最好用的一种赞美技巧。千万不要以为赞美细微之处是“不足挂齿”的。赞美只有言之有物,有血有肉,道出了被赞美者的心血和精力所在,才能使人感到赞美者观察的细致入微,从而激发被赞美者的知音效应,并产生“士为知己者死”的精神动力。

如果使赞美具体化,其效果肯定好得多。比如,赞美某位同事很能干,不如说他某件具体事办得漂亮更实在些;对某个有才干的同事,空洞地说他知识丰富,专业能力强,不如说在某件事中他的建议和主张对解决问题起了什么作用更合适;遇到眼睛迷人、笑容可掬的女性,与其空泛地说“你很美”,不如说“你眼睛明亮,充满神采,笑起来很可爱”更会使她满心喜悦。

3.慎重地给予赞美

赞美如煲汤,火候是关键。赞美对方恰如其分,恰到好处,会让对方感到很舒服;把赞美弄得过白过滥,俗不可耐,就变成了拙劣的吹捧,只会弄巧成拙。真正的赞美大师,非常懂得在赞美时控制好火候,将强弱分寸都拿捏得很得当,张弛有度,收发自如。

恰当地赞美别人,会给人以舒适感,同时也会改善我们的人际关系。如果恰当地赞美了朋友或下属,他们会竭尽所能来保持这个美好形象;如果恰当地赞美了领导,他会认为你是值得信任并了解他的人,会无形中拉近你们的距离。因此,作为一个聪明的女人,在沟通中必须掌握赞美他人的技巧。

别套近乎，要与上司保持一定的距离

在各种职场关系中，最重要的莫过于与上司的关系了，上司从某种程度上说决定着你的沉浮升迁，前途命运。身为职业女性，应该认识到和上司的谈话艺术和技巧的重要性。单靠熟练的技能和辛勤的工作就能在职场上出人头地的想法已经显得幼稚和不合时宜。

问题的难点是，我们要如何顺利走进上司的视野，而又不被一些人指责为“别有用心”。

小余是新分到单位的大学毕业生，她总认为自己口才不行，在单位里不知道怎样和领导交流，见了领导就没话说。她的上司快 40 岁了，而她才 26 岁，她觉得真不知和领导说些什么好。

其实，领导对她还是蛮信任的，把重要的东西都交给她管，但她总是苦于不知如何与领导好好相处。与领导距离太远，领导看不到自己的工作成绩，不会重用自己；而与领导距离近了，各式的风言风语也就明生暗长：

“拍马屁！”

“这么做，多没有骨气啊！”

“人家放得下面子呀！”

小余为此苦恼不已。她深感自己不会与人打交道，尤其是想逃避与领导打交道。偶尔领导找她谈工作时，她感觉身体像紧绷的弦一样。

在这种心情的影响下，她的表现当然不会太好，不是嗫嗫嚅嚅，就是语无伦次。领导的职责重、事情多，当然不会太多关注一个并不出色的下属，时间一长，小余便成了单位里可有可无的人。

在现实生活中，很多人工作兢兢业业，埋头苦干，但不善于用语言展示自己。这样，尽管他们很本分地工作，也做出了很大的成绩，但对一个管理很多下属的上司来说，他们实际做出的成绩却很容易被遗忘。更糟糕的是，

上司可能还会觉得“不知他们在想些什么，真是摸不透的人”。由此，这样的人不但自己吃亏，同时也让上司感到为难。

当然，才干加上超时加班固然很重要，但懂得与上司交流、和谐相处，在关键时刻说适当的话，也是成功与否的决定性因素。职业女性卓越的说话技巧会给自己带来很多好处，譬如给重要人物留下好印象，避免麻烦事落到自己身上，处理棘手的事务，等等，不仅能让你的工作生涯加倍轻松，更能让你名利双收。

现代社会生活步调加快，每个人的工作和生活都是紧张而繁忙的，谁都没有多少空闲和余力去打听和了解别人做了些什么或正在做什么以及准备做什么。因此，如果你要想让上司了解你，你就必须抓住适当的时机，将自己的想法和愿望主动地表达出来。

安莉是一家公司新进的员工，她就是利用向上司询问的机会获得了上司的赞赏。

刚进公司没多久，安莉在整理一个展览版的文案时，正好经理进来了，并且在无意中看了一眼电脑里的文档。安莉看见了，马上抓住机会问道：“经理，您看看我写的这个行吗？我是这么想的……”就这样，安莉和经理开始就这个问题展开讨论，使经理了解了她的想法和思路，也看到了她的潜力。

两个月后，安莉就成为该部门的主管，为她以后的进一步发展奠定了基础。

作为一位聪明的现代职业女性，如果想获得更好的晋升机会，不仅要做好工作，还要善于掌握汇报工作的一些技巧。员工应当善于也要勇于向上司推销自己，力求脱颖而出。当然，在你推荐自己的时候一定要含蓄一些，运用迂回曲折的方式来表现你的才能，让你的上司能注意到你但是又不自己点破“天机”。

一个优秀的职业女性，要会做，还要会说，不要让生涩的态度掩盖了你的通达，也别让几句词不达意的话毁了你的功劳。话说得好听，说得到位，上司就易于接受你，喜欢你。否则，不分场合、不知深浅、不懂分寸，工作做得再好也不一定得到领导的喜欢。

提出批评意见时，要到位而不伤人

批评是一门很深的学问，也是一门语言的艺术。批评要让被批评者心悦诚服地接受，达到批评的目的，而又不伤到被批评者的自尊心。批评的目的，是要让犯了错误的人认识到自己的错误，从而及时改正。

在职场中，批评指正多用于上级对下属，资历深的、经验足的职员对后来者，批评本身是手段，而非目的，否则，只为提意见而提意见、为批评而批评，则会适得其反。

有些女性面对别人的错误而提出不同意见时，往往难以控制自己，情绪激动时还常会说些过头的话，这种批评方式实在不可取。批评在于讲理，在于从思想上帮助人纠正错误，而过激的言辞、过分的话语。不但不利于犯错误者接受，弄不好还会使犯错误者产生不接受批评的抵触情绪。如果是居高临下、大声呵斥式的批评，就更不应该。这样的批评只能制造隔阂、激化矛盾，把本来一两句话就能解决的问题复杂化。正确的批评方法是，批评时注意把握分寸，措辞严厉但不过头，要给人留有余地，给人自省的机会。

对于下属的缺点或所犯的错误，如果你只是一味地加以批评，讲强硬的话，比如“你怎么这么笨?”“你这样做真是太不应该了”等，是不会收到预想的效果的，反而会使你的个人威信大受影响。其实，别人在做错事的时候，心里也会自我反省，觉得抱歉、恐慌、不知所措，此时如果你又对他大为指责，只会使他羞愧难过，甚至从此一蹶不振，无法再树立信心。如果换一种语气，“从今以后，你自己要多注意，不能再犯类似的错误。”“我相信，如果你细心一点，一定不会再有类似的错误了。”这样，对方不仅会感激你对他的信任，也会感受到你的真诚，在以后的工作中一定会小心、谨慎。

有时在批评过下属之后，别忘了适时地给予安慰。让挨了批评而沮丧万分的下属，有再重新冲刺的勇气。但是，安慰要得法，可别让对方以为你后悔了，这样就会产生让对方看轻你的批评的想法。所以，在斥责与安慰之间，必须保持一段适当的时间。如果第二天下属有些不高兴，你就要主动、亲切地和他打招呼。如果你这样做了，下属的别扭情绪就会马上消散，迅速忘掉昨天的不快。即使你批评下属时很严厉，但之后如果能转变话题或使紧张的气氛加以转换，被批评的下属就会忘掉那些不快，像以往一样与你和睦相处。

对于同一级别的同事，因为工作生活方面的小事，也经常有需要我们提出批评意见的时候。得过且过、逆来顺受，对自己和别人都不是负责任的态度。当然，这种“批评”更应该温和一些，以避免发生误解，引起不必要的矛盾。

办公室的老张和小王特别能抽烟，而同一办公室的其他同事却受不了烟味。他们两个一抽起烟来满屋子烟雾缭绕，熏得其他人实在不行。后来，一位同事陈小姐得了重感冒，更是不敢再闻烟味，于是她的好友李小姐借这个机会巧妙地指出了张、王二位同事在办公室内吸烟的错误做法。李小姐是这样说的：

“昨天我陪小陈去医院看病，大夫说最近流行重感冒，严重的还能引起其他病，甚至还能死人，尤其是那些吸烟者或吸二手烟者。医生特别强调了感冒患者应远离烟味，就是正常人经常吸烟或吸二手烟都不行，所以一般的公共场合都严禁吸烟。为了大家共同的健康，我建议咱们办公室内部也实行这种政策吧。不过，这就要委屈老张和小王了，你们俩以后可以到外边那间屋子抽烟，当然为了你们的身体，你们还是少抽为好。”

经过李小姐这样一番劝说，老张和小王当然意识到了自己抽烟对他人的影响，并且也觉得自己每天吸那么多烟确实对身体不好，于是他们二人毅然决定戒烟。

要改变一个人而不伤感情,就应注意这个准则:“间接地提醒他人注意自己的错误。”

卡耐基说得好:“如果经过一两分钟的思考,说一句或两句体谅的话,对他人的态度作宽大的了解,都可以减少对别人的伤害,保住他人的面子。”因此,当你要批评他人时,请事先冷静地想一想,采用什么样的方法,既达到指出他人过失、使当事者受到教育的效果,又不会让别人丢了面子,伤了自尊。

批评的语言可以是苦的,也可以是甜的。艺术地批评不但可以让他人愉快地接受,而且还能给他人留下深刻的印象。

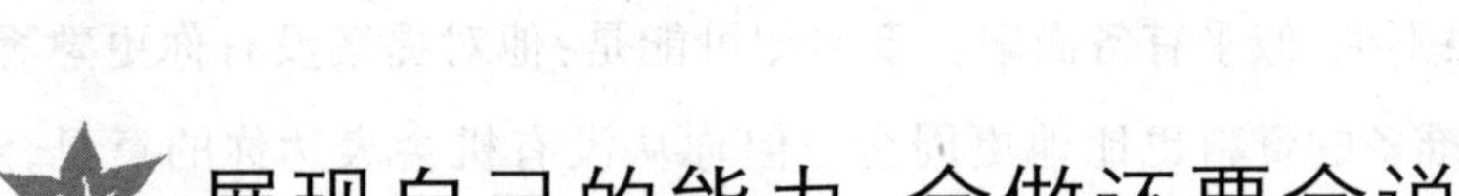

展现自己的能力,会做还要会说

要在职场上取得长足的发展,除了充分的专业准备外,关键在于你是否掌握了表达的机会,让自己站上舞台,展现实力。机会不会从天上掉下来,只有表达才有得分的机会。

任何一间办公室里,几乎都会有这样一种现象存在:辛辛苦苦地加班工作,把所有繁重的事务性工作都揽起来的是一类人,而在年终的表彰大会上风光,加薪晋级的,往往又是另外一类人了。

你可以把这种不公平归为上司的眼睛不亮,同事们邀功争宠,可你是否想到过,自己的工作方式是不是已经出了问题?

蒋小涵在学校时是有名的才女,不但琴棋书画无所不通,口才与文采也是无人可与之比肩。大学毕业后,在学校的极力推荐下去了一家小有名气的杂志社工作。谁知,就是这样的一个让学校都引以为豪的人物,在杂志社工作不到半年就被炒了鱿鱼。

原来,在这个人才济济的杂志社内,每周都要召开一次例会,讨论下一期杂志的选题与内容。每次开会时都有很多人争先恐后地表达自己的观点和想法，只有她总是悄无声息地坐在那里一言不发。她原本有很多好的想法和创意，但是她有些顾虑，一是怕自己刚刚到这里便“妄下言论”，被人认为是张扬，是锋芒毕露；二是怕自己的思路不合主编的口味，被人认为幼稚。就这样，在沉默中她度过了一次又一次激烈的争辩会。

有一天，她突然发现，这里的人们都在力陈自己的观点，似乎已经把她遗忘在那里了。于是她开始考虑要扭转这种局面。但这一切都为时已晚，没有人再愿意听她的声音了，在所有人的心中，她已经根深蒂固地成了一个没有实力的花瓶人物。最后，她终于因自己的过分沉默而失去了这份工作。

你是否也有类似的经验？有些同事在会议中总是非常踊跃地发表意见，滔滔不绝，似乎有备而来。事实却可能是：他对提案没有你更熟悉，而且你手上准备的资料也比他更周全。但你从没有机会表达你的意见，结果主管不知道你的存在，更难想象你的专业程度。我们常说沉默是金，但也不要忘了，沉默同时也是埋没天才的沙土。

长期由男性主导的职场环境中，男性建立了专有的职场游戏规则。女性要分半壁江山，不妨从了解男性的职场游戏规则开始，改变女性特有的一些弱势性格特征。

1.过多的点头

当女人点头时，她们表示“我明白了”，而男士往往把点头理解为同意他们的观点。过多的点头会被看成是软弱的表现。

2.口头禅

有些人喜欢把交流工作变成陈述并要求得到证实，“这是个好主意，你不认为是这样吗？”“我们有最好的工作团体，对吗”类似于这样的口头禅会减少权威性和可信性，所以应该避免。

3.修饰

有些词像“只是”、“但愿”、“猜想”会使表达者及所表达的信息受到轻视。“这只是个想法”、“我只是个初学者”、“但愿我干得不错”、“我想我有个问题”这些语句都表明表达者缺少自信心。同样，频繁的道歉也是不恰当的。女性朋友应该用强有力的语言代替那些软弱无能的词汇。

4.允许打断

有时男士会突然插进来说自己想说的事，他们比女人更喜欢打断别人。而女人则往往会容忍自己的话被打断，以致对自己的主见失去信心。所以，这时你应该说“我还没有说完”或“请先保留你的问题”，或者继续发言直到表达完了自己的意见为止。

5.等待他人的邀请

在职业场所，不能大胆说话的人往往被认为是没有知识的，所以你要积极投入每一次会议的发言中。有些女性等着他人邀请她们发言，或根本不知道如何发言，所以在适当的时候打断他人来阐明自己的观点是很重要的，你必须学会让别人来听你的意见。

6.说话太软弱

说话软弱无力往往表示自己缺乏安全感或自信心，从喉部的隔膜发声可以使自己的声音被与会的每一个人听到。因为如果他们不得不费劲全力才能听到你的声音，他们往往听不进你在说什么，而且发言人一旦以一种软弱的声音来阐述自己的观点，往往会失去说服力。

女人做事,要彰显自己的个性和特质

在社会上,总有一些女人如鱼得水,处处都受人欢迎,有人照应。她们不一定拥有多深的背景和多美的容貌,但是她们一定有一种迷人的风度和个性。

女性可以通过言谈举止来塑造自己,使自己拥有一种特殊的魅力。这种魅力会使她有别于其他人,独树一帜。它会帮助女人在人群中自然而然地凸显自己,为人们所认识;在无形之中也会对别人产生某种影响力,与人携手,共创美好生活。

大方的淑女永远会受人欢迎

我们现在实在很难看见“羞答答的玫瑰静悄悄地开”那样的女子了——起码在繁华浮躁的都市难觅芳踪。而事实上，男人心理的天平上仍然是偏爱淑女型的女性的，尽管他们对酷女和辣女充满了好奇心，但贴身接触还是有所忌讳与防范的。当有些渴求爱情的女性明白这一点时，也就竭力往淑女族靠拢。于是，出现了一批令人生厌的假淑女。

比如，她们说话总是蚊子般细声细气，吃饭时老是抱怨体重超标，与人约会故意姗姗来迟，穿衣打扮作孩子可爱状。她们以为这就是淑女风度。淑女绝不是扮出来的，它源于一颗恬静随缘的心，源于深厚的修养，流露出来的是高雅和安详，含而不露。

在两性关系中，淑女也保持着一种与男性合理的距离，她既不依赖男人，也不会靠电男人达到某种目的；不会排斥男人，也不会像时下流行的女权主义者那样刻意去发动性别战争。在男人眼中，她是可爱可亲的，是不可侵犯的，是需要保护的。

由于男性在社会上比女性占有更有利的地位，在各种行业中，女性要争取到与男性平起平坐的对待和重视，并非易事。正因如此，有不少女性在公共场合中，往往采取一种大胆主动性的待人处世方式。有的甚至放弃自己的女性特点，摆出一副强人式的形象，以为这样就能在“男人地界”中冲破种种障碍，取得工作或事业上的成功。有些女子模仿男性的粗犷行为，以为这样就可以和他们一样脱俗潇洒。在男性眼中，此类粗犷行为，并不会获得他们的认可，相反会遭受到他们的轻视或侮辱。保持淑女的庄重态度，会使你受到别人的尊重，加强你在他心目中的地位。

做淑女，首先要有淑女的样子，在外形上给自己一个准确的定位。

1.发式不要太狂

每一种发型都有特定的性格内涵，麻花辫代表传统与天真俏皮，长波浪则有历经沧桑后的“成熟感”，而优雅是介于清纯与成熟之间的完美状态，它反映在发式上通常表现为光洁低绾的发髻。

2.衣裙款式的选择

颜色审美的培养尤其重要，蓝白间色或蓝白花朵天生就是女性清纯美的代言者。此外，与秋天的田野色彩密切相关的颜色，如麦秸白、玉米黄、枯藤色、薄暮色等，都是接近大自然沉思状态的色彩，其具有洗尽浮躁之色焕发出几经磨砺与风霜之后的清淡之美，这种美正是优雅的基础。

从款式上说，修长简洁的线条比“短小打扮”更能体现出典雅之美。短皮裙、短夹克是一种青春反叛性格的折射，也是愤世嫉俗的表现。而优雅是远离激愤之态的状态，优雅的宽容度最大，它可以对格格不入的衣着文化表示理解，但它绝不随波逐流。缀有盘花扣的长马甲，长衬衣和略紧身的织麻马甲，及踝的印花土布裙，毛麻混织的烟土色裙等都是优雅的服装。

3.配饰的选择

配饰的重要性不亚于服装，尤其是女士随身携带的包袋，乃是女士们魅力的发射源。伊丽莎白女王为何身不离包？乃是因为那玲珑拎包是其整体气度的支撑点，少了一个包，优雅美就有了缺憾。

一般来说，拎包比挎包优雅，大包比小袋更具雍容风度，如果是年轻女士，不妨买个双肩背的真皮小背囊，背囊不仅使女士们行走时很自觉地挺胸收腹，更能成为休闲装散淡之美的聚焦点。

打造好淑女的外形之后，内存的修养当然更不能马虎。

保持诚恳和愉快的态度，对敌对者表示欣赏。温煦而热诚的态度，不仅会令人折服，更能显示出你有足够的力量可以控制一切。

对事要严肃，千万不要以轻浮态度处之。利用“轻佻媚笑”的手段以求达到某种目的，是最拙劣的策略。如果你的态度严肃，别人对你也不会轻视，对你所提出的问题或计划，也会慎重地考虑处理。

在工作上遇到别人的反对或挑剔时，要持彬彬有礼的态度。以温和、明理及开明的态度对待对手的挑战，对“异己之见”采取乐于接受的态度。在坚持自己正确立场之际，让对方知道你是一个明智而大度的人。切忌疾言厉色作出反击，失去优雅大方的风度。

过分的强硬或者过分的女性化都不是对待生活和工作的正确态度，尽力培养自己的淑女风范，最容易得到周围人的欣赏和尊重。

做本色自我，展现你迷人的个性

个性就是个人独有的品位和气质。现代女性都希望自己活得充实、浪漫，在这种愿望的引导下，女人不是变得越来越失去个性，而是越来越突出个性。她们总是根据自己的特点，去寻找恰当的表现自己的形式，以获得真正属于自己的生活品位。

特殊的个性，会造就一个女人的独特魅力，这种魅力会使女人有别于其他人，独树一帜。女人独特的个性是通过言行举止、衣着打扮表现出来的，也可通过女人独特的行事作风和处世原则表现出来，它会形成一种气质、一种风度。它会帮助女人在人群中自然而然地凸现自己，为人们所认识；在无形之中也会对别人产生某种影响力，激发别人对女人独特个性的信心和兴趣。从这些意义上讲，个性是一种力量，更是一种资产。

个性色彩强烈的女性，常具有一种震撼人心的魅力，这是因为她常能掀起心灵的风暴，从风度、气质上表达丰富的内心世界和深层的吸引力。她们大多具有很强的自尊心、自信心和进取心。她们大多能从本质上和微妙的情感意识上排斥传统女性所特有的脆弱性和依附性。她们并非排斥古典优美的女性文化，但绝对排斥古典女性的意识。她们立志崛起现代女性的鲜明个性，展示当代女性的独特魅力。

个性化的美，体现个性特征的现代女性形象，已成为一种不容逆转的潮流。置身于这样一种潮流中的你，应深入发掘自我独特的潜力，不能再像东施那样成为人们的笑柄，摆脱传统的审美观念，走出人云亦云的误区，以塑造毋庸置疑的个性魅力。女人有了自己独特的个性，才能赢得大家的青睐，才能表现出自己的魅力，以此吸引众人的目光。

玛丽·玛格丽特·麦克布蕾刚刚进入广播界的时候，想做一个爱尔兰喜剧学员，结果失败了。后来她发挥了她的本色，做一个从密苏里州来的、很平凡的乡下女孩子，结果成为纽约最受欢迎的广播明星。

金·奥特雷刚出道之时，想要改掉他得克萨斯的乡音，为像个城里的绅士，便自称为纽约人，结果大家都在背后耻笑他。后来，他开始弹奏五弦琴，唱他的西部歌曲，才开始了他那了不起的演艺生涯，成为全世界在电影和广播两方面最有名的西部歌星之一。

卓别林开始拍电影的时候，那些电影导演都坚持要卓别林学当时非常有名的一个德国喜剧演员，可是卓别林直到创造出一套自己的表演方法之后，才开始成名。

独特的个性成就了他们各自的事业。真正的成功者总是保持自己鲜明的个性，并深入发掘自己的潜力，绝不会亦步亦趋、削足适履。

具有坚强个性的女人遇到任何事情，都能坦荡大方，并相信自己能够解决好，不像有的女人，遇到紧要的事，就手忙脚乱，不知该怎么办。相比之下，这样的女人就具备了个性魅力。同样，有些人看上去美如天仙，但就是缺少那么一点文化品位，这样就会让人觉得缺乏内涵，与许多漂亮的时髦女性没有什么区别，不免让人遗憾。相反，若能恰当地融入谈话的氛围之中去，机智地表现自己的才能、智慧和幽默，给人与众不同的感觉——具有良好的文化素养和睿智的谈话技巧，那么自己的个性也就表现得淋漓尽致，让大家赞不绝口。

适度表露自己的个性，不仅是人性的解放，更是理性的选择。每一个女人都有自己独特的个性，生来就和别人不一样，女人没有必要硬把自己纳入什么模式当中，女人应根据自己的个性特点，去寻找恰当的表现形式，来获得属于自己的生活，并塑造自己独特的魅力。

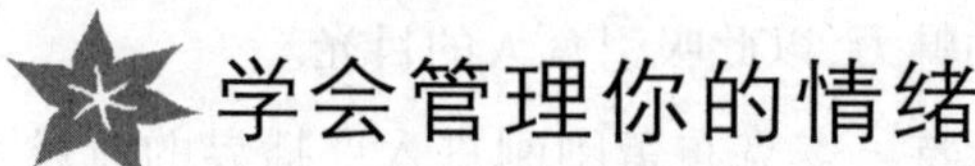

学会管理你的情绪

女人天生是情感动物，情感在给女人带来细腻和灵感的同时，也会泛滥为情绪，假如这种情绪得不到适当的处理，就会影响日常的生活和工作，甚至破坏人际关系。

现实生活中，大多数的女人常常会出现这样的情况：本来只是一些鸡毛蒜皮的小事，在别人看来不以为然，而她却犯颜动怒，火冒三丈。为此，经常损害朋友之间、夫妻之间的感情，同时又把一些本来能办好的事情给搞糟，甚至对个人的身心健康、事业成败都造成极坏的影响。

女人的怒气不亚于一座“活火山”，一旦爆发既会伤害到别人，也会伤害到自己。怒气是一种奇怪的东西，只要给它一点时间，稍稍耐心地等一下，它就会自己溜走，但是一旦你给它行一个方便，它就能惹出更多的怒气，从而变得一发不可收拾。

台湾著名的专栏作家吴淡如，有一天她看电视时，看到一位记者在以夸张的语气谈论她，说她虐待出版社编辑，在编辑怀孕时还要她到家里来监督装潢工程，还说她所有的书都是背后有个“影子兵团”在代笔，并非她亲笔所写……

吴淡如听到这里简直气炸了，这种愤怒像台风天气的潮水一样，一波一波地在撞她的心，她很想马上打个电话给记者说清楚。但是念头一转，她又暂时忍住了，因为她的心里有个声音告诉她：且慢发火。她知道有句话叫“杀敌一千，自损八百”，如自己怒气冲冲地直接回击，除了让自己泄恨之外，并不能解决问题。

于是吴淡如决定忍几天,等下次有机会碰到那位记者时再说清楚。几天后,当她遇到那位记者时,记者向她道歉说:“对不起,那是很久以前录的节目,那时候我并不认识你,误听了谣言……我不知道他们会回放,也一直以为你早就知道了,但你却宽宏大量,并不在意……”

吴淡如听了记者的话后,庆幸自己当时没有发火,否则的话,就可能失去了一位朋友了。

由此可见,我们若想发火时,不妨先忍耐一下,让这些情绪冷却下来,这时你可能就会发现,有些事根本就不值得去发火。

情绪控制得好,可以将阻力化为助力,帮你解危化险、明晰事理,在山重水复处开辟一条通向成功的新路。情绪若处理得不好,便容易激动,产生一些非理性的言谈举止,轻则误事受挫,重则给他人造成心理创伤,既得罪了人,又耽误了事。

很多女人虽然懂得这个道理,但是在实际生活中却难以自控。一遇到不顺心的事就急躁易怒,容易冲动。控制情绪,可以从以下几个方面做起。

1. 将“怒火”扼杀在摇篮里

任何一种情绪在刚开始的时候都是容易克制住的。当你开始觉得不愉快、气愤的时候,不妨尝试着延迟开口说话和反驳的时间。“10 秒钟之后……20 秒钟之后……我再说话”,或者干脆在生气和体内充满怒气的时候不要说话。

2. 多回头想想

不要一味地想对方怎么让你恼怒,多“回头”想想:他并不是我不共戴天的仇人;他并没有怎么损害我;也许他并不是有意的。

3. 找个“出气筒”

要是能够在不伤害他人的前提下把怒气发泄出来,也是很好的办法。比如,有的女性喜欢生气的时候逛街、吃零食,以此忘记恼怒的事;你可以找个空旷的地方,大声喊出你要说的话;你可以把一腔怨恨写在纸上,或者乱写乱画……

总之，办法多的是，多掌握一些控制和发泄愤怒的方法有利于你自己的身心健康，也利于你和周围的人更加融洽地相处。

女人的情绪是一种变化无常的东西，如果女人能在盛怒的情况下控制好自己的情绪。这不仅是个人修养的体现，也是理智的表现。要想成为一个受人欢迎的女性，应懂得如何控制自己的不良情绪，让情绪成为自己成功的垫脚石，而不是绊脚石。

自信的女人魅力十足

在大多数人看来，女人的自信应该来源于年轻貌美，来源于事业有成。其实，年轻美貌、事业有成从来就不是女性自信心的唯一来源，岁月不会饶过任何女人，再美的女人也会衰老。人的自信也并非都建立在外在的物质基础上。家庭和美、身体健康、心情舒畅、朋友众多等，都是自信心不断增强的重要因素。

自信的女人，不一定是女强人。女强人的雷厉风行和不可一世总会让人敬而远之。而自信的女人却没有这样的特点，她们或者刚强，或者柔弱，或者中性，但都使人易于接近、喜欢接近。刚强的她们，会露出豪爽的一面，用一份坦诚与爽朗使你心悦诚服；柔弱的她们，总容易使人们对她们心生怜爱，继而心甘情愿为她们做事；中性的她们，长袖善舞，无论男人还是女人都对她们欣赏佩服，那便更是源于一份自信的洒脱了。

不要怀疑自己不美丽，自信就是女人的魅力。自信不像容貌是天生的，而是后天培养出来的，是在孜孜不倦地追求人生、生命的最高质量和境界中，用内在的灵感和魅力去拥抱和欣赏自己的生活自然形成的。不论在什么场合，能谈笑风生，落落大方，衣着得体，动作恰到好处，定能在众多美女中脱颖而出，成为人们眼里的一道风景线。

香港著名影星刘嘉玲刚出道时曾经被人歧视，被人拒之千里，就因为她的广东话说得不好，还被人说是“大陆妹”。在香港娱乐圈里，“大陆妹”的称号会让人失去很多。刘嘉玲的事业失败过，感情上受到过打击，生活上经历了不幸。她曾说自己听到的嘘声多过掌声，挑剔多过赞赏。导演不看好她，同期出道的女星拿了无数影后称号后，她才以《阿飞正传》一片在法国拿了个影后。如果没有导演王家卫，刘嘉玲也许还在默默无闻地演些“俗片”；和梁朝伟的爱情马拉松中，他们分分合合很多次，更是别人指指点点的对象。在习惯了人们的说三道四后，她选择了低调，没想到十几年前的“裸照”竟然被公开。

面对“裸照”事件，刘嘉玲勇敢地承认了照片上的女星正是自己。这样的勇气让圈里圈外的人都对她由衷地佩服和欣赏。刘嘉玲的坚强赢得了大家的掌声，面对困难，她不是躲避退缩，而是勇敢地面对。她的形象不但没有受损，反而得到了更多人的欣赏。她说：“当一个人的生命受到威胁的时候，每个人都会本能地面对并解决它，我并不是特别坚强，我只是幸运，我就好像是一朵向日葵，阴影永远在背后，我的脸向着阳光，我看每一件事都会用最简单的方法去解决复杂的问题，不过我的智慧仍然有限，仍需要吸收知识。”这不只是勇气，更是一种强大的自信。

自信的女人有一种不一样的吸引力，它可以让女人更妩媚生动，更光彩照人，也可以让女人更坚强地去面对生活中所遭遇的艰难困苦。自信让女人相信自己可以去克服所有的困难，并不断地完善自己，努力使自己趋于完美。

无论一个人多么有能力，如果缺乏自信心，那么什么事都做不成。自信的能量是巨大的，也是我们动力产生的源泉。有了自信，我们就能把握自己的命运，实现人生的理想，在人生的道路上一往无前。

一个人只要相信自己是什么，就会成为什么；一个人心里只要这样想，就会成为这样的人。每个人心里都有一幅“蓝图”或是自画像，有人称它为运作结果。如果你想象的是凡事做到最好的你，那么你就会在你内心的“荧

光屏”上看到一个踌躇满志、不断进取的自我。正如美国哲学家爱默生说：“人的一生正如他一天中所设想的那样，你怎样想象，怎样期待，就有怎样的人生。”只要相信自己，你就会感到生命有活力，生活有盼头，觉得太阳每天都是新的，从而保持奋发向上的积极态度。

自信的女人是最有魅力的，这种魅力会深深吸引她身边的每一个人。她坚信自己是完美的，极富亲和力的。因此，自信的女人是轻松快乐的，是幸福的。

友善待人，才能为你聚集人气

几乎每个女性都希望自己能得到鲜花、掌声、赞美，不希望被别人贬低、嘲笑、责备。然而，现实生活中，人与人之间难免会有摩擦、烦恼、矛盾。于是，抱怨和责备随之而来。

指责他人不仅会使事情按自己意想不到的那样发展，也会给自己带来意想不到的麻烦。在生活中，聪明的女性最好不要去抱怨、责备别人。学会大度宽容，就会使你赢得一个绿色的人际环境。生活的路，因为有了大度和宽容，才越走越宽；思想狭隘，则会把自己逼进死胡同。

待人可以获得真正的友谊，无端的争斗只能造成两败俱伤；友善待人可以化解矛盾，无情的指责只会恶化问题。每一个人都是一个潜在的朋友，每个人都可以成为你的朋友。你有没有朋友，完全在于你自己。

女性最忌染上清高傲慢的毛病，以致人人侧目。传媒精英杨澜有一篇文章，记录了她对于英国王室尤金·妮亚公主的印象，它或许可以帮助我们理顺自己的思路。

尤金·妮亚是安德鲁王子的女儿，正准备申请大学读书，她表示，自己的成绩不是很出色，要加倍努力才成，有关大学的资讯，都是通过同学的渠道去打听，并不想占身份的便宜。与中国客人共进午餐时，妮亚公主主动帮客人分菜、帮父母续水，殷勤得如邻家的女孩。

杨澜感慨：中国刚刚富裕起来的一代人对所谓“贵族”和“格调”的认识还多么肤浅。我见过不少拿腔拿调，只会用名牌包装自己的人，也见到那些被送到英国念书，希望沾点贵族气的孩子——骄傲无礼让人头痛。也许我们忘了最高贵的格调是自然真诚，无论是百姓还是皇家，无论在英国还是中国。

谦逊友善的态度，是征服人心的最佳方法。请记住，你的大多数敌人正是你自己造成的，友善会使你的朋友遍布天下，使你的品质得到升华，使你的生命充满快乐。

我们常喜欢根据自己的经验来指导别人，认为别人有同样的需要。在与人打交道时，更多的是盯住别人的缺点和引起自己不快的环境，而不从自身找原因。所以，多站在他人的角度看问题，多跟别人分享看法，懂得在适当的时候采纳他人的意见，这样你才能获得众人的接纳和支持，才能顺利开展工作，你才会获得更多的友谊。

人是需要关怀和帮助的。帮助别人不一定非要靠物质，举手之劳或关怀的话语，就能让别人感动。比如：同事感冒了，你体贴地递上药丸，路过饼店顺道给同事买下午茶，这些都是举手之劳。你对人好，人对你好，在社会上才不会陷于孤立无援的境地。如果你能帮助伤害过你的人，不但能显示出你的博大胸怀，而且还有助于“化敌为友”，为自己营造更为宽松的人际环境。

女人要想获得人气、受人欢迎，需要把与每个人的交往都看做是一场演出，每次都要面带微笑。在社交场合，微笑就像一种润滑剂，聪明的女人比男人更善于运用微笑，有时候，争得面红耳赤或剑拔弩张的双方往往只需女人一个微笑、一个眼神或一句息事宁人的话语，彼此就能火气顿消，甚至握手言欢。

微笑似乎是上帝赋予人类的特权。丧失了什么也不要丧失笑容，那是

对自己、他人和这世界的最美丽的祝福。请给朋友一个理解的微笑，请给帮助你的人一个感激的微笑，请给那些不幸的弱者一个鼓励的微笑，请给下班归来的丈夫一个体贴的微笑……请你微笑，不用太多的巧言，你就是最美的，最受欢迎的。

心怀感恩，内心就会有满满的幸福

也许是我们在商业社会生活久了，早就习惯一事当前，立刻把投入与产出算得清清楚楚。这并没有什么不好，但这样的习惯方式使我们很难再享受到“感恩”之于生活的种种快乐。因为“感恩”的基本前提就是“不计得失”。人在生活中，总是有得有失的，而懂得感恩的人之所以快乐，并不是因为他们总是利大于弊或者得多于失，而是因为他们根本不去算计自己失去的部分，永远对自己得到的心怀感激。

没有谁对我们的帮助是理所当然的，感恩是认定别人帮助的价值，从而达到彼此感情交流的一种有效手段。

万方是一家电脑公司的编程员，一次在工作中遇到一个难题，她的同事主动过来帮助她。同事一句提醒的话使她茅塞顿开，很快就完成了工作。万方对同事表示了自己的感谢，并请这位同事喝咖啡，她说：“我非常感谢你在编那个计算机程序上给我的帮助……”

从此，他们的关系变得更近了，每次见面都会心一笑，心中充满一种平和持久的喜悦。

万方很有感触地说：“是一种感恩的心态改变了我的人生。我对周围人的点滴关怀和帮助都抱有强烈的感恩之情，我要竭力回报他们。结果，我不仅工作得更加愉快，所获得的帮助也更多。”

感恩是一种宽容、满足、健康的心态。感恩，来自于对人对事的宽容和理解，来自于一种回报他人和社会的良好心态。拥有一颗感恩之心的人，会有一种心理上的满足，宽容大度，对小事不会斤斤计较，因此，也是一个幸福的人。

感恩是一种高尚的情感。感恩不仅仅限于一种表面化的感谢或报恩，还是一种对生活意义与价值的深层次反省、理解和感悟。感恩是一种敏感的、积极的生活感受。当我们陷于紧张、忙碌、浮躁的工作与生活之中时，我们会一步步地走向麻木。感受生活，记录幸福的一点一滴也是一种感激。当我们学会了感激，我们就懂得了生活。

感恩节在美国是一个不折不扣的最地道的固定假日。在这一天，各种信仰和各种背景的美国人，共同为他们一年来所受到的上苍的恩典表示感谢，虔诚地祈求上帝继续赐福。

其实，值得感恩的不仅仅是上苍，我们对父母、亲朋、同学、同事、政府、社会等都应始终抱有感恩之心。

感恩就是不忘父母的养育之恩，当你伤心、难过、高兴……的时候，最先感知这一切并能陪在你身边的是你的父母。中国有句老话："养儿方知父母恩"。母亲要经历十月怀胎、一朝分娩的历程才把你带到这个世界，父亲用自己的肩膀扛起这个家，是你眼中的第一棵参天大树。因此，不论是谁，我们都应该感恩自己的父母。

感恩就是珍惜爱人相伴之恩，其实没有哪个人天生就应该无条件地为另一个人付出，聪明的女人知道，对丈夫的疼爱、呵护、宽容，都应该心存感恩。是他给了自己一个温暖的家庭，让自己尽享人生的天伦之乐和男女之欢；是他给了一个宽厚的胸膛让自己有所依托，卸去满身的疲惫与烦忧……感谢身边的这个男人，是他陪着自己一起度过风风雨雨，陪着自己一起慢慢变老。

要感谢的生命还有很多，感谢自己的孩子，是他们让女人真正感觉到做母亲的责任，他们让女人的一生充满了希望，他们让女人体验到身为人母的酸甜苦辣。

感谢朋友和同事，有他们的理解、支持和帮助，人生的旅途中才充满了动力，生活才充满了和煦的阳光和温暖的春风。

第9章 求人办事，让对方对你的请求无法拒绝

女性要在社会上吃得开，兜得转，一是要用心经营人脉，以诚挚之心结交方方面面的朋友，让自己在面临人生的难关或者转机之时，能够找到可求可用之人；二是在实际办事的过程中要放得下面子，懂得求人的技巧，以女性特有的柔弱打好感情牌。站在你这一边的人越多，分量越重，你心想事成的概率就越大。

晴天留雨伞，先留人情好办事

礼尚往来是交际的一个原则。求方应牢牢记住助方给予的帮助，做到“受恩莫忘”。滴水之恩，当以涌泉相报，这是交际中品德高尚的人所应遵循的准则。“毛宝放龟而得渡，隋侯救蛇而获珠”，这些神话传说就是对这种报恩精神的浪漫化写照。《史记·淮阴侯列传》记载，韩信为布衣时，自己不能养活自己，一位洗衣物的老大娘见韩信非常饥饿，就把自己的饭分给韩信吃，韩信做了大官后，赐给这位老大娘千金来报答她的恩情。在现实生活中，如果不懂或疏忽了受恩莫忘、投桃报李的交际原则，就会做出失礼的事来。正所谓：“你敬我一尺，我敬你一丈。”

当然，在现代的经济社会里，谁帮忙都讲究经济效益，而感谢帮忙的最好方式就是“投桃报李”。可以“投桃”后得到对方的“报李”，也可以先得到对方的“报李”后再“投桃”。

纽约的金融家华特生还是银行职员时，有一次他的上司要他尽快准备好一个人的资料，而那个人是一家公司的总经理，华特生就去拜访他，当他被引进总经理办公室之后，一位年轻的秘书从门口探头告诉经理她今天没有邮票给他儿子。总经理向华特生解释说：“我在替我12岁的儿子收集邮票。”之后，华特生向总经理述说他的来意，并向他请教了一些问题。但是华特生看出，从头到尾这位经理都在含糊而笼统地敷衍他，还摆出一副根本不想谈论这个问题的样子，因此这次会晤很快就结束了，而且毫无结果。

在回去的路上，华特生闷闷不乐地思考着如何解决这件事情，他突然想起那位经理的秘书所讲的话，什么邮票，12岁大的孩子……同时他又想到他们银行国外部也在做邮票收集的工作，那些邮票正是来自世界各地。于是，华特生心计一生，顿时喜上眉梢。

第二天下午，华特生又去拜访那位经理，到达之后华特生请经理秘书传话给他，这次他还有一些邮票要给他的孩子。

这时情形完全变了，那位经理很快自己跑出来，他热情地握着华特生的手，仿佛是要竞选国会议员一样，面带笑容而且容光焕发。当他欣赏完邮票的时候，口里还不断地说着："我的乔治一定会喜欢这张的！这可是一张珍品哦！"华特生与他花了半个小时谈邮票与他儿子的事，之后他足足花了一个多小时的时间提供华特生所需要的资料。他把所知道的全部告诉了华特生，并且害怕有所遗漏，还把他的属下叫进来询问一番，甚至给他同事打电话询问一些细节。最后，他给了华特生许多实证、数据、报告以及文件。这一趟，华特生满载而归，他得到的，是一条"独家新闻"。

在求对方办事时，对方并不情愿为你白忙乎，他希望你也能帮他做些事情。有的甚至希望在他办事之前，你得先为他办成。如果你了解对方这种心理，主动满足他的欲望，他就会很痛快地帮助你。

女性在办事时，对热情相助的人，在物质上给以回报，也是一种不失礼节的方式。物质回报虽然不是人与人之间交往的主要方式，但它毕竟存在于现实生活中。我们提倡淡化物质交往，不是要取消物质交往，而是要让这种交往多一份真情，少一份铜臭。

有时适量的物质回报是培养良好的人际关系的特殊需要。比如，某人曾多次无私地帮助过你，某一天当他生病住院的时候，你带上礼物去探望，对他无疑是一种莫大的慰藉。总之，物质回报要遵循适度的原则，适量地"往重于来"。

因此，对那些帮助你或试图想帮你的人，不仅要立即说谢谢，给予必要的物质回报，更要保持联络，让他们知道由于他们的引导或观念而导致你的进步情况。施恩于人是件令人高兴的事，要以满足感来回报那些帮助你的人。不论你所受的恩惠是大是小，都必须回报与感谢。

为自己打造一张好的人际关系网

喜欢别人又能让别人喜欢的女人，才是世界上最会做人的聪明女人，也是最成功的女人。成功的女人大多喜欢广泛交际，形成自己较为独特的“联络图”。

这张“联络图”由各种不同的朋友组成，有过去的知己，有近交的新朋，有男的，有女的，有前辈，有同辈或晚辈，有地位高的，有地位低的，有不同行业的，有不同特长的，也有不同地方的……这样的“联络图”，才是一张比较全面的网络。也就是说，在你的关系网中，应该有各式各样的朋友，他们能够从不同的角度为你提供不同的帮助。

许芸是个细心的女孩，而且天性就喜欢交朋友，凑热闹。在当宾馆服务员的时候，她就立志不甘平庸，要做出更大的事业来。

她潜心观察出入宾馆的各种人物，只要有机会，就去结识他们，请他们赐名片，为她签名，与她合影等。赶上重要首长光临、有重要会议、各界名人云集时，她都能寻找到适当场合接近他们。天长日久，在她的笔记本上、影集中，攒下了不少富有个性的名人签名、赠言以及跟她的合影。

后来，许芸勤奋进修公关与营销，离开宾馆到一家公司谋职。在应聘的时候，她选择了各界名人给她的一些赠言、合影借机和人事主管攀谈开来。人事主管对这些东西也看得颇有兴趣，它们简直就成了一张张通行证、介绍信，令人事主管对许芸另眼相看，觉得这个姑娘与其他应聘者相比不同寻常。再经其他考核，许芸最终胜出，在这家公司大显身手，创造了优秀业绩，后来又成功地晋升为营销主管。

每个追求成功的女人，都应当尽早建立起自己的“人际关系档案”。这些人际关系资源就是你的财富。在现实生活中，不论求职还是办事儿，我们总会遇到一些意想不到的阻碍，这时候，“多个朋友多条路”的效果会更加明显。

要制作一张“联络图”，第一步就是筛选。把与自己的生活范围有直接关系和间接关系的人记在一个本子上，把没有什么关系的记在另一个本子上，这就像是打扑克中的“埋底牌”，把有用的留在手上，把无用的埋下去。这样在办事之前，我们应在脑海中先把这张“联络图”展开，清点一下“联络图”中的各个关系户，看看他们在哪个阶层上，我们与他的交情有多深，他能为我们帮多大的忙。清楚了这些，我们对办事分寸就有了把握。

第二步就是排队。要对自己认识的人进行分析，列出哪些人是最重要的，哪些人是比较重要的，哪些人是次要的，根据自己的需要排队。有了这样的排队，你就能明白，哪些关系需要重点维系和保护，哪些只需要保持一般联系和关照，从而决定自己的交际策略，合理安排自己的精力和时间。

人生之中会交很多朋友，这些朋友有的会成为你的至交，有的也会中断。交朋友固然不必勉强自己和对方，聪明的女人不妨采取更有弹性的做法，不投缘的也不必“拒绝往来”，而把他们通通纳入你的“联络图”。

有人用电脑建立“联络图”，有人用笔记簿、名片簿，这些方法各有长处，不管用什么方法，请大家记住：

每个朋友都不可放弃。

每个朋友对你都有用处。

每个朋友都要保持一定的关系。

每个朋友的名字底下都要有一定的资料，对他们的专长和爱好有所记录。他们的住所、工作有变动时，也应在你的资料上修正，以免有必要时找不到人。建立的“联络图”必须要非常详细，这样求朋友帮忙时会更切中要害。

一个女人托人办事儿的实力和资历也往往体现在这张“联络图”上。有能耐的女人，她的这张图质量高、价值高，在需要托人办事儿时左右逢源，无所不能。但是，建好的关系网也不是一成不变的，应注意随时调整。

至少每三个月变动一下你的“联络图”，要多提类似“为什么要保留这个

关系？"的问题。如果你不定期更新或增加新人，你的联络图就会变得陈旧。聪明的女人懂得如何保护和维系这张图，使它一直有效。她应该不断和图上的人保持联系，加深彼此的相互了解和合作，保持旧的关系，发展新的关系，使自己的"联络图"越来越丰富。

求人办事要舍得下面子

人生一世，需要办数不清的事，需要请无数人帮忙。万事不求人是不可能的；既要求人，脸皮薄了也不行。

不过，在具体的处事中，由于双方各自的交际目的不同，会使交际者之间出现暂时性的尊卑差别。俗话说"求人矮三分"，说的就是这个道理。正因如此，人们一般不到万不得已是不愿求人的，"求人不如求己"、"上山擒虎易，开口求人难"，这些谚语都表达了人们这种不愿将自己放在一个卑微的地位上的心态。

在求人办事时，首先，应该搞清谁是求方、谁是被求方，这种求与被求的关系搞清之后，尊卑差别也就搞清了；其次，应该根据这种尊卑差别确定自己所应采取的具体的方法、手段，特别是作为求方的交际者，应该清楚地意识到自己的卑微地位，一言一行、一举一动都要与自己所处的地位相吻合。如果"脸皮薄"，放不下"清高"的架子，自然也就不能与社会相适应，也难以办成事。其实，求人办事，脸皮薄了不行，不能忍受屈辱也不行，这就要求我们必须克服自身这种"脸皮薄"、"爱面子"的求人"恶习"。

我们说脸皮薄了不行，是为了在求人办事时，洗掉身上的迂腐与矜持，肯于屈尊，不怕受辱，才能锲而不舍，以柔克刚，取得求人、办事的成功。

有位女孩想得到一位同乡的帮助，于是到多年不见面的一同乡家去探望。这位同乡如今已是商界的实力人物，每天造访他的人很多，十分疲劳。

因此，对来家的客人，只要是一般关系的，一律不冷不热待之。

这位女孩一心想会受到热情款待，不料遇到的是不冷不热，心里顿时产生一种被轻慢的感觉，认为此人太不够朋友，小坐片刻便借故离去。她愤愤然，决心再不与之交往。后来才知道，这是此人在家待客一贯的方针，而并非针对哪个人的。她再一想，自己并未与人家有过深交，自感冷落，不过是自作多情罢了。于是，又改变了想法，并采取主动姿态与之交往，反而加深了了解，促进了友谊，自然也得到了同乡的帮助。

女性在求人办事时，对于无意的冷遇，应采取理解和宽恕的态度。在交际场上，有时人多，主人难免照应不周。特别是各类、各层次人员同席时，出现顾此失彼的情形是常见的。这时，照顾不到的人就会产生被冷落的感觉。

当你遇到这种情况，千万不要责怪对方，更不应拂袖而去，相反，应设身处地地为对方想一想，给以充分的理解和体谅。

对于有意性冷遇，聪明的女性不妨“厚脸皮”地面对冷落，我行我素，装聋作哑，扮痴卖傻，听而不闻，闻而不言，言而不动，求人者必须有相当深厚的心理功夫才能进入这种境界。“大肚能容，容天下难容之事；笑口常开，笑天下可笑之人。”弥勒佛之所以能日进万金，全仗他得道——心理功夫修炼到家了。

女性在求人办事时无论遇到多么困惑的情况，都要有耐心。要记住，急躁使人偏离正确的判断，容易给人造成不易接近的印象。当你丧失耐心时，同时也丧失了别人对你的支持。不要总是暴躁易怒，暴躁易怒的人，朋友会越来越少。

 以情动人，让对方不忍拒绝你

情感是沟通的桥梁，人的全部心理活动都离不开情感的伴随。在求人

办事时，善于并巧妙地运用情感技巧，动之以情，晓之以理，就能征服对方，使对方不由自主地成为情感的“俘虏”。我国唐代大诗人白居易所说的“动人心者莫先于情”，说的也就是这个道理。

人都是感情型动物，只要你能博得同情，你的所求目的就可以达到。

一天，一位老妇人向正在律师事务所办公的林肯律师哭诉她的不幸遭遇。原来，她是位孤寡老人，丈夫在独立战争中为国捐躯，她靠抚恤金维持生活。前不久，出纳员勒索她的抚恤金，要她交一笔手续费才可领取抚恤金，而这笔手续费是抚恤金的一半。林肯听后十分气愤，决定免费为老妇人打官司。

法庭开庭。由于出纳员原来是口头勒索的，没有留下任何凭据，因而指责原告无中生有，形势对林肯极为不利。但他十分沉着、坚定，他眼含着泪花，觉悟地回顾了英帝国主义对殖民地人民的压迫，爱国志士如何奋起反抗，如何忍饥挨饿地在冰雪中战斗，为了美国的独立而抛头颅、洒热血的历史。最后，他说：“现在，一切都成为过去。1776年的英雄，早已长眠地下，可是他们那衰老而又可怜的夫人，就在我们面前，要求申诉。这位老妇人从前也是位美丽的少女，曾与丈夫有过幸福的生活。不过，现在她已失去了一切，变得无依无靠。然而，享受着烈士们争取来自由幸福的某些人，还要勒索她那一点微不足道的抚恤金，有良心吗？她无依无靠，不得不向我们请求保护时，试问，我们能熟视无睹吗？”

法庭里充满哭泣声，法官的眼圈也发红了，被告的良心也被唤醒，再也不矢口否认了。法庭最后通过了保护烈士遗孀不受勒索的判决。

没有证据的官司很难打赢，然而林肯成功了。这应归功于他的情绪感染，驾驭了听众及被告的心理，达到了理智与情绪的有机统一，从而收到征服人心的效果。

通过打动他人的恻隐之心赢得他人的帮助，不愧是办事的一种好方法，而要打动他人的恻隐之心，并不是一件容易的事。对于女性，当你无计可施时，不妨使用眼泪战术，这其实是打动他人恻隐之心的最好方法。

拿破仑的妻子约瑟芬一向水性杨花，生活放荡。当拿破仑在意大利和埃及战场浴血搏斗时，新婚不久的她却与一个叫夏尔的中尉偷情私通，对拿破仑毫无忠贞可言。她原以为拿破仑会战死在沙场中，已经不再等待他回来，而像不再有拿破仑此人一样安排后事。

1799 年 10 月，拿破仑从埃及回到法国并受到人们热烈欢迎的消息传到巴黎后，约瑟芬惊呆了。拿破仑成了欧洲最知名的人物——法国的救星，前程无量。她欺骗了拿破仑，并想抛弃他，这时又后悔了。于是，她不辞辛苦，坐着马车，长途跋涉，去法国南部的里昂迎接拿破仑。

拿破仑对妻子的不贞早有耳闻，他不愿意见到她。约瑟芬勉强进了门，她来到拿破仑的卧室门前，轻轻敲门，没有回答。转动门把，无济于事。她再次敲门，并温柔而哀婉地呼唤，拿破仑没有理睬。她失声大哭，短促呻吟，拿破仑开始在矛盾中挣扎。

拿破仑虽然怀疑约瑟芬已背叛了他，然而她的哭声在他的脑海里泛起他们相爱时的美好回忆；她的哀求声冲破他心中设下的防线，他已热泪盈眶。于是，房门打开了，拿破仑与约瑟芬重归于好了。后来拿破仑登基时，约瑟芬成了皇后，荣耀之至。

俗话说："会哭的孩子有奶吃。"同样，这个道理也可用于女人，会哭的女人有"饭"吃。

流泪能打动对方的心肠。在这方面，女性朋友具有绝对的优势，因为女人说着眼圈儿就红了，眼泪也不由自主地淌下来，听者就是铁石心肠也免不了会动心的。

在女人的眼泪面前，大多数人会说："噢，对不起，别哭嘛，我不是故意的，或许我火气大了些。"甚至更进一步道："别哭了，我答应你就是了，你要怎么做就怎么做好了。"却很少有人说："好啊，这会儿你无话可说，任凭我发落了吧！"

聪明的女人知道如何善用眼泪，它同核武器一般，威慑的效果超过使用的力量。眼泪一旦使用，再升级为"一哭二闹三上吊"，愁云惨雾，也是不可收拾。因此，眼泪是聪明女人的武器，但又不是唯一的武器，她总是能把它

用得恰到好处，从不吝啬，也绝对不会挥霍。

求人办事，一定要有礼数

求人办事虽然谁都不喜欢，但在人生与社会活动中，不求人几乎是不可能的。如果有求于人，就更应该多些礼貌，这样人家才能对你提出的问题给予考虑。如果有求于人又不懂得讲究礼貌，人家即使有能力帮你的忙，也会因为你的自以为是而干脆回绝。

求人以礼为先，首先要摆正双方的位置。人与人之间的关系从人格上讲是平等的，没有尊卑贵贱之分，这是没有疑问的。不过在具体的交际中，由于交际双方各自的交际目的不同，会使交际者之间出现暂时性的尊卑差别。求方为卑，助方为尊。

“人在屋檐下，不得不低头”，实际上体现了求人者与被求者之间的尊卑差别。

一个刚刚走出大学校门的女孩，接到一家大企业的面试通知，她在兴奋之余又非常紧张。面试那天，尽管做了充分的准备，她还是没能够表现出自己应有的水准——她实在太紧张了，说话结结巴巴、语无伦次，对面的几个考官都皱起了眉头。这时，一位中年男士走进办公室和考官耳语了几句，在他离开时，女孩听到人事主管小声说了句“经理慢走”。那位男士从女孩身边经过，给了她一个鼓励的眼神，女孩非常感激，立刻站起来，毕恭毕敬地对他说：“经理您好，您慢走！”她看到了经理眼中些许的诧异，然后他笑着点了点头。等她再坐下时，她从人事主管的眼中看到了笑意……

一个星期后，她竟然获得了这份宝贵的工作。就是因为她对经理那句礼貌的称呼，让人事部觉得她对行政客服工作能够胜任，所以对她的印象非常好，才给了她这份工作。

女孩就是凭着尊敬有礼的态度，为自己赢得了这份工作。求人办事，一定要注意礼貌。不论职位、身份如何悬殊，都应该客客气气、待人以礼。

常言说："有理走遍天下，无礼寸步难行。"此话虽然夸张了些，但对礼的作用则可窥见一斑，特别是在请人办事的时候，如果送一点礼品，则任何话都好说。一旦接受了人家的好处，沾了人家的便宜，再拒绝起人家的请求来，就不那么好意思开口了。中国人重人情，讲面子，"滴水之恩必当涌泉相报"，聪明人运用这一方法，几乎百试不爽。

古人说："衣人之衣者，怀人之忧。"意思是说，穿了别人送的衣服，怀里就会装着别人的心事或隐忧。用现在的话说就是，收下了别人送过来的礼物，就要为别人办事儿。这同民间所谓"收人钱财，替人消灾"和"吃了人家的嘴软，拿了人家的手短"意思大体相同。送礼，在中国虽古已有之，却于今为然。自古以来，不管人们承认不承认，喜欢不喜欢，送礼都是和办事儿密不可分的。

礼品是感情的一种载体，一个人要学会根据不同的人、不同的事和不同的地方来进行施礼，这也是社交礼仪中的一个规范行为。不管是什么样的礼品，都表示送礼人特有的心意，或表示酬谢，或表示求人，或联络感情等。所以，对于礼品的选择，要符合这一规范要求，要针对不同的受礼品者的不同条件来进行区别对待。你选择的礼品必须与你的心意相符，让受礼者感觉到你的礼品是不同寻常的。

一般情况下，对家贫者送礼，要以实惠为佳；对富裕者来说，要以精巧为佳；对恋人、爱人、情人，要以纪念性为佳；而对于朋友，要以趣味性为佳；对于老人，要以实用为佳；对于孩子，要以启智新颖的为佳：对于外宾来说，就要以那种很具特色的礼物为佳。

礼要送在用不着朋友的时候，方能尽显威力。要知道，好的人际关系才是求人成功的基础。关系，需要经常维护，朋友之间，要常走动，关系才不会断。带份礼最好不过，这样会让朋友觉得他在你心中很重要，而他一定会高兴，并且在适当时候给你回报。

第10章 与人交往，女人要懂得先营造氛围

能说会做的女人，是不怕任何繁难之事的。有些事情的确很棘手，但如果你能学会给自己搭桥，余下的事将会顺利得多。

这种事前的铺垫，就是要我们贴近对方的心态，调节好现场的气氛。人们在心情愉悦的情况下，都愿意给人提供更多的方便。

气氛和谐融洽，沟通才更有效

拥有丰富多彩的人际关系是每一个现代人的需要。可是，现实生活中，很多人的这种需要并没有得到满足。他们总是慨叹世界上缺少真情，缺少帮助，那种强烈的孤独感困扰着他们，折磨着他们。其实，对于很大一部分女性来说，之所以缺少朋友，仅仅是因为她们在人际交往中总是采取消极的、被动的退缩方式，总是期待友谊和爱情从天而降。这些人，只做交往的响应者，不做交往的始动者。

要知道，别人是没有理由无缘无故对我们感兴趣的。因此，如果想赢得别人的好感，与别人建立良好的人际关系，就必须创造机会，主动和别人交往。

米拉是澳大利亚一家电力公司的推销员，她曾经来到农村推销过用电。她来到一户很阔气的人家，户主是一个年纪很大的老妇人，看到是电力公司推销用电的，于是把门关紧了。米拉一看事情不好，就说："真抱歉，又打扰了您，我知道您对用电一点都不感兴趣。因此，我这次是来买鸡蛋的。"

老妇人打消了疑虑，于是把门打开了一些，伸出头来将信将疑地看着。米拉继续说："我看到您喂的鸡非常漂亮，想买点新鲜的鸡蛋回去。"

听见米拉这样说，老人家把门开得更大了，问："你为何不买别人家的鸡蛋？"米拉说："别人家的鸡蛋都是白色的，做蛋糕不太合适，我要来您家买一些棕色的鸡蛋。"

结果，老妇人走出了门口，笑着和米拉谈起了鸡蛋的事情。米拉指着院子里的牛棚说："我敢打赌，您丈夫养的牛还不如您养的鸡赚钱多呢！"

老妇人听了非常高兴。的确，多少年来，她的丈夫都不肯承认这个事实。因此，她把米拉看成知己，带她到鸡舍参观。米拉说的话声声入耳，她还说，若能用电灯来照射，鸡下的蛋会更多，老妇人已经忘记了以前对米拉的反感,而且还问她用电是否经济。当然,她又得到了详尽的解答。两个星期以后,米拉在公司收到了老妇人送来的用电申请书。

会不会与不同的人打交道,直接影响着你的办事效果。想一想,若米拉一张嘴就推销用电,老妇人一定不肯接受。而她采取了曲线表达的方式,用买鸡蛋作托词,打开了老妇人的话匣子,接着以拉家常的方式,讲一些动听的话,巧妙地扯到了用电的问题上,说用电灯来照射,产的蛋更多。这无疑赢得了老妇人的信任,主动带来了用电申请书。

这种先做朋友后谈事的行事方式,在各行各业都通用。人们总是对陌生人保持一定的警惕,若把你们之间的距离拉近些,对方就不好意思直接拒你于千里之外。在良好的会谈气氛中,打消了人们固有的隔阂与顾虑,余下的事,则水到渠成。

匈牙利的米尔沙特是一位著名作家,但是就像其他许多伟大的作家一样,米尔沙特在成名之前,去出版社送稿件,常常被编辑不耐烦地推出来,他们对他的稿子甚至一眼都没看,就当成垃圾丢到垃圾箱里。后来,他再去出版社,不再主动提出自己写的稿件,而是主动找编辑们谈话,并且专门找一些他们感兴趣的话题,比如提起他们刚刚出版的某本书,而且谈论其中的某些内容,这样许多原本对他置之不理的编辑甚至会放下手中的工作,围过来七嘴八舌地发表关于那本书的看法。米尔沙特在一旁静心聆听,并且不时地表示自己的赞成,或者把问题引导到某一位流行的作家身上,从而提起了编辑们的兴趣,米尔沙特渐渐成了他们聊天不可缺少的对象。等到米尔沙特再拿出自己的稿件时,受到的再也不是冰冷的漠视了。

朋友的意义,在于相互的关怀、帮助与分享,割头换颈的只是传说里的义气,在现实生活中,只要细心体贴对方的感受,你就是最受大家欢迎的人。

理解对方同时让对方理解你的能力,是学会做人的一个很重要的能力,许多人就是由于欠缺这种能力,所以困难重重,事事不顺。而有些女人天生就会做人,每个与之交往的人都如沐春风,把她当成能给自己带来快乐的、最好的朋友。

提高自己的交际水平绝非一日之功，但其中有一个关键点一定要注意：人际关系良好的人经常会敏感地意识到对方究竟期待何种评价。换句话说，他们了解一般人往往不满足自己的现状，然而又无法加以改变，他们只能持有一种期待。人就是这样，往往各自持有一种幻想中的形象，希望他人对自己的评价是好的。

因此，如果能暗中察知别人的心理需求，人们自然会因你的善解人意而心情愉快，并更进一步地对你产生好感。

敢于自嘲，笑笑自己大家都开心

如果会拿自己玩笑，试问有谁会大力反对？美国社会学家麦克·斯威尔说："在别人嘲笑你之前，先嘲笑你自己。"你不妨把"自己"当做嘲笑的对象，不但可以消除紧张、焦虑的情绪，而且可以提升自我的修养。提到林肯，他在"幽默自嘲"的技巧方面，恐怕算是旷古第一人。他常常取笑自己，尤其是他的外貌。"有时候，我觉得自己好像是一个丑陋的人。"一个人要承认自己的"缺点"实在不是一件容易的事。要知道，人总是有不完美的地方，坦白承认自己的缺点，就能把"缺点"化为个人独有的特点。

在某俱乐部举行的一次招待会上，服务员倒酒时，不慎将啤酒洒到一位宾客那光亮的秃头上。服务员吓得手足无措，全场人目瞪口呆。这位宾客却微笑地说："老弟，你以为这种治疗方法会有效吗？"在场的人闻声大笑，尴尬局面即刻被打破了。这位宾客拿自己开玩笑，既展示了自己的宽广胸怀，又维护了自我尊严，消除了耻辱感。

由此可见，适时适度地拿自己开玩笑，不失为一种良好修养，一种充满魅力的交际技巧。拿自己开玩笑，能制造宽松和谐的交谈气氛，能使自己活得轻松洒脱，使人感到你的可爱和人情味，有时还能更有效地维护面子，建立起新的心理平衡。

在社会中交际,怯场是不可避免的。若是对自己的失常耿耿于怀,那只能增加自己的紧张。为了使自己不陷入失败之中,你应该超然一些,以客观的态度,学会拿自己开玩笑。

坦率地把自己的缺陷讲出来,只能引起别人的同情和爱怜,不会失去别人的敬重。如能用开玩笑的形式讲出来,那就更能表现出你非同寻常的气度了。假如,你正在做一个魔术表演,可半路出差错了,你不妨笑着说:“我这个业余魔术家就是不行啊,瞧,这哪儿是玩魔术,纯粹给真正的魔术家丢脸呢,对不起了。”这时,大家就会原谅你糟糕的表演,想办法为你开脱。相反,你明知错了,却想方设法掩饰、装腔作势,只想把自己当成真正魔术家一般,结果只会令众人扫兴。因此,在办事的时候,能够大胆地同自己开个玩笑是很了不起的行为。同时,你也能活跃一下气氛,引起别人对你的亲近。

当处于非常窘迫的境地中时,机智地进行自我褒贬而产生的幽默,是摆脱窘境的好方法,也是展示人格魅力的法宝。同时,也能给对方一种轻松感,使沟通气氛变得更加和谐,更有利于沟通活动的顺利进行。著名国画大师张大千有一次在宴席上向京剧表演艺术家梅兰芳敬酒时说:“梅先生,你是君子——动口,我是小人——动手。”在这里,张大千根据自己的工作特点,自嘲地将自己喻为“小人”,顿时活跃了宴会气氛。

有时你陷入难堪是由于自身的原因造成的,如外貌的缺陷、自身的缺点、言行的失误等,自信的人能较好地维护自尊,自卑的人往往陷入难堪。将影响自身形象的种种不足之处大胆巧妙地拿出来开玩笑,能出人意料地展示你的自信,在迅速摆脱窘境的同时显示你潇洒不羁的交际魅力。如果你能结合具体的交际场合和语言环境,把自己的难堪巧妙地融进话题并引出富有教育意义的道理,则更是妙不可言。

一位老师普通话不过关,有一次上语文课,讲到某一问题要举例说明时,把“我有四个比方”说成了“我有四个屁放”,一时教室里像炸开了锅,学生笑得不可收拾。老师灵机一动,吟出一首打油诗:“四个屁放,大出洋相,各位同学，莫学我样，早日练好普通话，年轻潇洒又漂亮。”老师的机智幽默立即赢得了学生的热烈掌声。

总之，在社交场合中，女性朋友若能记住智者的那条金科玉律——不论你想笑别人怎样，先笑你自己。那么，无论是在工作中还是生活中，都会成为一个受欢迎的人。

一视同仁，别把人分成三六九等

中国有句古语，叫做“一人向隅，举座不欢”。当客人怀着欢欣的心情坐到你的家宴席上的时候，他们倒不是为了吃喝什么，而是为了通过这种社交形式互诉衷肠、互诉友情。只要主人能以平等的态度对待每一个客人，那么，家宴桌上的“皆大欢喜”是不难做到的。而如果“热”此“冷”彼，“冷”者当然不高兴，而“热”者心中也不会好受，因为实际上那少数的“热”者，有意无意地被人推向了“冷”者的对立面，心里也会“为之不欢”。

尽管人们的社会角色和社会地位不同，但都需要受到尊重，维护面子的精神需求是一致的。如果你忘记这一事实，与他们交际时，对重要人物礼加三层，让一般人冷落一旁，则会刺伤后者的自尊和面子，失去一大批人的好印象。

一位职员热情地邀请了自己的顶头上司到家里做客，庆祝自己乔迁之喜。她的几位同事和朋友也早就说过一定要去她家好好玩一玩的，于是，她顺便也叫上了几位同事。入席后，女主人把上司推上了最尊贵的位置，也是最好的位置，靠近空调，椅子也很舒适。“你们几个不要客气，随便坐，我就不和你们客气了……”女主人开始张罗着给上司倒酒，同事们不声不响地落座了。

女主人把酒菜摆满了整个桌子，不停地向上司介绍菜名和特色。吃一半，女主人又陆续把一盘盘热气腾腾的菜肴端上来。她把上司面前半空的菜盘堆在同事面前，把热菜放在上司面前。接着，女主人又起身向上司敬酒，说些感谢关心、谢谢培养之类的话。

几位同事根本就没有机会向主人表示自己的祝福，也没有机会和上司说话。酒过三巡，似乎女主人眼里只有上司一个人，其他人都是不存在的。同事一个个难忍心中的不满，宴席还没有结束，就纷纷以“对不起，我还有事”为由，陆续告辞了。

像这样的宴席，女主人眼里只有顶头上司，而慢待他人，使同事们的自尊心和面子受到伤害，非但不能增进主客间的友谊，反而令人生厌，让人感到女主人的俗不可耐和势利，这样只能使她和同事之间造成隔阂。

其实，人性的偏好，一旦发挥过分，就会讨人嫌恶，就无法圆润为人。要想圆润为人，就不要过分地亲近或疏远任何人——不要过于亲近比你高的尊贵的人，也不要过于疏远那些地位比你低的人。

聪明的女性，在办公室里，无论是什么样的同事，都应平等对待，互学互助，建立起和谐的工作关系。那些比你先来的同事，相对来说会比你积累了更多的经验，有机会不妨聆听他们的见解，从他们的成败得失里寻找值得借鉴的地方，这样不仅可以帮助你少走弯路，也会让他们感到你对他们的尊重。尤其是对那些资历比你长，但其他方面比你弱一些的同事，更要以诚相待。有些人能力强，可在单位里自视清高，不买那些老同志的账，弄得老同志很反感，结果关键时候会因此受挫，这不能不引起你的重视。

在现实中，也许会由于自身的能力和机遇，有的同事获得领导的青睐，而有的同事则是默默无闻。在与同事相处的时候，不要因为某些同事暂时的得势而阿谀奉承，也不要因为同事受到排挤而随之冷落。我们生活的这个世界并不是一潭死水，每个人都处于变化发展中，你今天瞧不起的人，明天可能就成了你的顶头上司，那时候，从“冷落”改为“阿谀奉承”，恐怕已经来不及了。

遭遇尴尬，好口才助你巧妙化解

每个人都希望在社交应酬中从容不迫、洒脱大度，但是，在现实生活中常常会遇到一些叫人尴尬的场面，这类事一般都发生得很突然，由于思想上没有足够的准备，因而显得有些手足无措。不仅自己不自在，别人也不自在，结果气氛凝滞，不会留下好的印象。

女性朋友若在人前蒙羞、处境尴尬时，用自嘲来对付窘境，能很容易找到台阶下，这是很高明的一种脱身手段。

著名的女主持人杨澜在担任《正大综艺》节目主持人时，曾被邀请为某市的一次大型文艺晚会担任主持人。出人意料的是，在演出晚会中途时，杨澜不小心在下台阶时摔了下来。在这种大型场合出现如此情况，确实令人尴尬，但杨澜非常沉着地爬了起来，凭着她主持人特有的机灵，对台下的观众说："真是'马有失蹄，人有失足'呀。我刚才的狮子滚绣球的节目滚得还不熟练吧？看来这次演出的台阶不是那么好下哩！但台上的节目会很精彩的，不信，你们瞧他们。"

杨澜这段话语非常成功，不但使自己摆脱了难堪，更显示出了她的机敏，以至她话音刚落，会场就立刻爆发出热烈的掌声。

自我解嘲是指以自我嘲弄、自贬自抑堵住别人的嘴巴，摆脱窘境，从而争取主动的一种舌战谋略。自嘲能转移注意，增添情趣，对于化解尴尬有奇效。矜持的女性也不妨放下架子适时采用，定能收到奇效。

在人际交往中，无论凡人伟人都免不了会遭遇尴尬，或是碰到一些意想不到的事情，或是自己言语失态，或是周围环境令自己始料不及，或是遭遇冷场，或是遇到别人的责难，恶意冒犯与蛮不讲理，等等。在这些场合下，有必要随机应变，运用语言技巧，摆脱尴尬，走出窘境。有经验和智慧的人能够借助于语言技巧化被动为主动，驾驭各种尴尬场合，维护自己的人格与形象。

美国前总统克林顿被记者围攻，记者问："总统，您对与莱温斯基小姐绯闻的报道作何评价？"克林顿从容不迫地答道，"取笑我的话已经被世人说尽了，再也没人能说出新鲜的了。"语言既尖锐又圆润，自嘲中带有反攻，一下子把球抛到了记者手中，话外音是："你们谁有本事说出点新花样来？我洗耳恭听。"果然，满场记者顿时语塞。

克林顿的回答堪称自嘲法之典范。试想克林顿若表现出抵触情绪，或赤裸裸地拒绝回答记者的提问，必然招致媒体驳难四起，引发起一轮更猛烈的进攻，那样只会使自己处于更加被动的地位。仅略施小技，就使得记者认输，再也无心恋战。

若是遇到不合理的问题，不好正面回答时，我们可以采取巧妙回避，比如说可以转移话题，或给个似是而非的答案，或空泛地回答。

现实生活中，常常有人说话不自觉地就问到了禁忌之处，比如有人问到了你的工资，可是你觉得这是个人隐私，又不好指责对方不该问，就可以说"刚刚维持生存啦"、"算是进入小康了"等空泛的概念，或者可以说："和你的差不多。"这样说话既不会得罪人，也没有说出自己不愿说的话。

如果对方提出的是我们不能回答或不想回答的问题时，我们可以巧妙地利用其他因素转移话题，让对方无法得到想知道的答案。

世界著名男高音歌唱家帕瓦罗蒂不愿把自己的体重公开，于是，当有人问他现在体重多少时，他说："比过去轻。"再追问他过去多重时，他说："比现在重。"他用的是和对方绕圈子的技巧，绕来绕去，最后对方还是什么信息也得不到。

在千变万化的生活中，什么样的怪问题都可能碰到，而对付这些怪问的最佳方案，就是做出迅速灵巧的变通，切不可被对方的问题困死陷于被动。

装装糊涂，避开别人的纠缠

对于一些敏感性问题，提问者一般不直接就问题的本质提出质疑，而是从其他貌似平常的事物着手，旁敲侧击地进行诱导性询问。这时，我们可以故意装作不懂对方的真正用意，而站在非常表面的、肤浅的层次上曲解其问话，并将这种曲解强加给对方，使对方意识到我方的有意误解，实际上是在表达委婉的抗议和回避，从而识趣地放弃自己的追问。很多名人都擅长用曲解来巧妙摆脱对方的纠缠。

在一次记者招待会上，外国记者别有用心地问王蒙："请问，20世纪50年代的你与80年代的你有何相同与不同？"这里，这位记者的用意是路人皆知的。王蒙当时也十分清楚。他不慌不忙地抬起头，从容不迫地回答道："20世纪50年代的我叫王蒙，80年代的我也叫王蒙，这是相同之处；不同的是，那时我20来岁，而现在我则有50多岁了。"

记者的提问只给出了年代限定的范围，王蒙虽然知道对方是想借机让他谈一谈对中国国内形势改变的感受，但是却故意装糊涂曲解对方的本意，只是从自己年龄变化的角度作答。这个回答虽然也算是"合格"，但实际上没有真正给对方任何有用信息，令其大失所望。

由此可见，面对难题时应把握的应变分寸在于：

当你处在窘迫中时，大的方向是必须明辨事理，说话得当；从实际出发，视情况而定，有什么情况就采取什么行动。既要解决难题，又要让双方都满意。但有一点要特别注意：如果有人故意要跟你过不去，给你制造种种麻烦时，你千万不要生气，大动肝火；不能控制自己的情绪只会激化矛盾，扩大事态，结果二虎相斗，两败俱伤。所以，此时你既不能感情用事，大发雷霆，也不能张口结舌，无所适从，唯一的办法是头脑冷静，控制情绪，运用办事的技巧，特别是以你的应变术去对付。

某医院的护士小张长得漂亮又机灵，大家都很喜欢她。

这天下班，办公室年轻的郑医师对她说："小张，一同去吃饭好吗？我有一件很重要的事想跟你说。"

小张立刻就明白了"重要"的含义。于是她笑着说："好哇！我也正好有事情要你帮忙呢。"郑医师一听高兴极了，放松了心情说："行，只要是帮你的忙，我一定两肋插刀。"小张又笑了："可没那么严重。只不过是男朋友脸上生了几个青春痘，我想问你怎么治疗效果比较好？"

运用这样幽默含蓄的推辞方法，通常情况下都很有效。这样既可以达到自己的目的，也不至于伤了求爱者的自尊。

其实，不管闪烁其词、答非所问也好，还是打岔串音也好，其目的都一样，就是避重就轻。但这几种方法的共性就一个，那就是假装糊涂。因为只有假装糊涂，才能闪烁其词；只有假装糊涂，才能答非所问；同样也只有假装糊涂，才能打岔，才能取得你所需的效果。

巧妙说"不"，在不伤感情的情况下拒酒

谈起喝酒，几乎所有的人都有过切身体会，"酒文化"也是一个既古老而又新鲜的话题。现代人在交际过程中，已经越来越多地发现了酒的作用。的确，酒作为一种交际媒介，在迎宾送客、聚朋会友、彼此沟通、传递友情中，发挥了独到的作用，所以，探索一下酒桌上的"奥妙"有助于你与人交际的成功。

杯中之物，多喝无益，且劳形伤身。所以，身在职场的女性朋友练好"推"酒的艺术，在日常交际中是十分必要的。

酒宴上要看清场合，女性朋友应正确估量自己的实力，不要太冲动，尽量保留一些酒量和说话的分寸，既不让别人小看自己，又不要过分地表露自身，选择适当的机会，逐渐放射自己的锋芒，才能稳坐泰山，不致给别人产生“就这点儿能力”的想法。

有不少女性朋友，是相当成功的“酒精(久经)考验”的推酒者，任凭你天花乱坠地劝，她就是笑眯眯地频频举杯而不饮，而且振振有词。

张先生乔迁之日，特邀亲朋祝贺，李娜也在其中，然而李娜平素很少饮酒，且酒量“不堪一击”。酒宴上，小王提议和小李单独“意思”一下，李娜深知自己酒量的深浅，忙起身，一个劲儿地扮笑脸，一个劲儿地说圆场话：“酒不在多，喝好就行。”“经常见面，不必客气。”“你看我喝得满面红光，全托你的福，实在是……”结果使小王无可奈何。

聪明的女性不仅能在酒桌上少饮酒，还会因为自己聪明地“推”酒，为酒桌上增添欢快的气氛。而聪明女性的“推”酒技巧，也要根据实际情况灵活运用。

第一，酒席上有领导或长辈在座。

女性朋友在参加酒席时，如果对方是熟悉的长辈或是自己的领导，而你恰巧年轻，又是晚辈，在你向长辈、领导敬酒，起身说话时，言语形式的选择要符合自己的身份，要持敬重的态度，注意措辞的严肃性和应有的礼节性。如长辈要求你干掉你敬的酒时，而你又酒量有限，这时你不妨以孩子气的面孔出现在他们面前，聪明的女性此时可以面带微笑地撒一下娇，耍耍赖，套套近乎。比如：“李叔，你又不是不知道你大侄女的酒量，要是真喝多了，还让你操心，你不心疼我了？李叔，你看，这是你最爱吃的烤大虾，您老快尝尝好不好吃。”这时你不妨微笑地给每位长辈和领导夹菜、斟茶水。此时，你的一番说辞已经转移了大家的注意力。若是不算很熟悉的长辈或领导，遇到这样的情况，你不妨这样微笑着说：“晚辈在长辈面前大杯喝酒，尤其是女孩子，会有失体统，再说对长辈和领导也是一种不尊重。”作为晚辈，你都说这样的话了，相信身为长辈的在座者一定不会再劝你喝酒的。

第二，和同事一同参加酒席。

因为同在一家公司，整天抬头不见低头见，彼此之间再熟悉不过了，若能同坐在酒桌上,大家都能比较放松,喝酒的气氛也就很高。那么,要想做好“推”酒,就需要智慧了。首先,大家坐在一起,就是平等的,没有业绩好坏、能力大小的关系。因此,你不能因为和某某关系好或者谁是你的上司,让你喝酒你就喝,而其他的同事因为关系一般或者能力相对较差一些,你就因此而推托喝不了。那样,不仅同事对你有成见,你也会给同事一种势利的印象,由此对你日后的工作也可能产生不良影响。

比如:同事们一同去参加同事张建孩子的升学宴,小艳和王科长还有其他同事同在一张宴席,席间张建夫妇与在座的同事都共同举杯喝酒,酒的气氛也较为浓厚,同时也把喝酒的气氛推向了高潮。这时,王科长举杯要在坐的同事共同干一杯,同事们纷纷响应,各自喝干了杯中的酒,只有小艳抿了一小口,同事们马上不依不饶,要求小艳干杯。小艳微笑着站起来说:“只要感情有,喝多喝少都是情,再说咱们天天在一起,我的酒量大家也是知道的,这样吧,今天特别高兴,我来唱首歌为大家助助酒兴。”聪明的小艳用歌声转移了同事的注意力,不仅“推”了酒,还为酒席增添了热烈的气氛。

女性朋友若遇到这样的场合时,不妨也学学小艳,可能你没有动人的歌喉,但是,你也可以为大家讲一个较为幽默的笑话,或者你事先有备而来,为大家做一个小魔术。总之,不管你做什么,都要给酒宴增添气氛,那么你“推”酒的目的也就达到了。

和谐相处,别在别人面前展现你的优越感

在日常工作中,我们不难发现有这样的人,他虽然思路敏捷,口若悬河,但一说话就令人感到狂妄,因此别人很难接受他的任何观点或建议。这种人多数都是因为喜欢表现自己,总想让别人知道自己很有能力,处处想显示自己的优越感,从而能获得他人的敬佩和认可,但结果却往往适得其反,从

而失掉了在人群中的威信。

事实上，那些谦让而豁达的人们总能赢得更多的朋友；那些妄自尊大、高看自己、小看别人的人总会引起别人的反感，最终在交往中使自己走到孤立无援的地步。

在交往中，任何人都希望能得到别人的肯定性评价，都在不自觉地强烈维护着自己的形象和尊严。如果一个人的谈话对象过分地显示出高人一等的优越感，那么无形之中是对他自尊和自信的一种挑战与轻视，排斥心理乃至敌意也就不自觉地产生了。

有人说："如果你要得到仇人，就表现得比你的朋友优越吧；如果你要得到朋友，就要让你的朋友表现得比你优越。"

这句话真是没错。因为当我们的朋友表现得比我们优越时，他们就有了一种重要人物的感觉；但是当我们表现得比他们还优越，他们就会产生一种自卑感，造成羡慕和嫉妒。

齐小姐是一位优秀的女性，可就是没什么朋友。同事们都不爱和她相交，因为一跟她交往，就成了她的"绿叶"。每一次聚会，她都毫不掩饰地表现出自己在某一方面比别人优越：身材比小张好，学历比小李高，工资比小赵多，房子比小吴大……每次她都兴致勃勃地说这些话，洋洋自得，让朋友们非常厌烦，所以后来大家都不愿理她了。

人心都是很微妙的，对于一个四处炫耀自己的人，大家都会不由自主地产生排挤心理"他那点成绩算什么呀！""没有我们的帮助，他能做到这一步吗？"各种抵制和不满的情绪就会扩散开来。而对一个低调的人，大家反而会记得他的成就。

老子曾说过："良贾深藏财若虚，君子盛德貌若愚。"意思是说商人总是隐藏其宝物，君子品德高尚，而外貌却显得愚笨。这句话告诉人们，必要时要藏其锋芒，收其锐气，不可不分青红皂白地将自己的才能让人一览无余。如果你的长处短处被同事看透，就很容易被他们操纵了。

由此可见，还是谦虚一些好，谦虚谨慎是一种美德，更是每个人走好人生之路的必备品质。只有为人谦虚,才会不断要求上进,才会善采人之长而补己之短,才会兢兢业业,从小事做起,严格要求自己,才会达到事业的成功。

谦虚的人往往能得到别人的信赖。因为谦虚,别人才不会认为你会对他构成威胁,而你正是因为谦虚才可以学到很多东西;因为谦虚,你可能会学到别人本来不愿意透露的东西;因为谦虚,你会赢得别人的尊重,为你与领导、同事、下属的关系储备建立一个良好的基础;因为谦虚,你往往还能得到别人友善的帮助。

据说,当年松下幸之助做生意时,几乎什么都不懂,但他拥有一个优秀的非智力因素:谦逊。他以一颗谦虚的心,接纳来自各方的意见,然后将这些意见转化为自己的动力,最终走向了成功。

在当今社会上,真正成功的人士往往都是懂得谦虚待人的人。因为他们从自己的经历中,体会到世事的艰难,懂得为人处世的重要。而凡是那些说话"冲",做事飞扬跋扈的人,往往都是不谙世事的人。

凡是有修养的人,必定不会随便说及自己,他自己很明白,个人的事业行为在旁人看来是清清楚楚的,没必要自己去说,人们自会清楚。

也许你以为自己伟大,但别人不一定会同意你的看法。世间没有一件足以向人夸耀的事情,自己不吹擂时,别人还会来称颂,自己说了,人家反而会瞧不起你。

下篇：智慧女人，把事情做得到位才会大受欢迎

第11章 察言观色：女人办事要先掌握对方的心理

俗话说“知人知面难知心”，自古以来，识人术便是人们社会交往的一大难题。

对于女性，掌握一些看破人心的基本知识和技巧，通过自己细心地观察，认真地揣摩，就可以对对方的品性、习惯、意图等信息有一个比较全面的了解。然后，你才可以找到恰当的接触方式和交往态度，让自己在社交中立于不败之地。

口头禅露出大秘密

口头禅也是一种癖好，比起动作、服装与发型它更能直观地体现一个人的性格。从对方的口头禅了解对方，是取胜的关键，我们可以从言谈的微妙之处观察对方的性格和内心活动。

性格刚强自信的人，很少使用“那个……”“嗯……”“这个……”之类的口头禅。反之，小心谨慎、神经质的人常用这类词汇。语言心理学家认为，在谈吐中一连串地使用“果然”的人自以为是的倾向强烈，强调个人主张；经常使用“其实”的人，希望引人注意自己，他们任性、倔强、自负；经常使用“最后怎么怎么”一类词汇的人，大多是潜在的欲求未能满足；还有经常使用流行词汇的人缺乏独立性，喜欢浮夸；理直气壮地使用方言的人，个性强，颇为自信。

人的种种曲折的深层心理会不知不觉地反映在自我表现的手段——措辞上。即使同自己想表现的自我形象无关，通过分析措辞常常就可以大体上看出这个人的真实形象，在这种意义上，正是本人没意识到的措辞的特征比词语的内容远为精准地告诉我们其人自身。

例如，对说话总是使用难懂的词和外语的人，我们多会感到困惑，其实，这种人多是将词语作为掩饰自己内心弱点的盾牌。择业时，充分显示自己的才能是必要的，但若过分矫饰，反而画蛇添足，让别人如坠云雾的效果是最不利的。这种情形常常不过是反证了对自己的智能的自卑意识，将词语作为盾牌，掩饰自己的自卑感。

既然我们能从对方的口头禅中了解对方的性格和内心活动，那么，身为时代女性的我们是不是也有口头禅的癖好呢？

当一个语句成为你的口头禅时，你就很容易被它束缚着，以致无论你想说什么，也不管是否适用，都会脱口而出。这癖好是很容易被他人取笑的。也许你爱说“岂有此理”，也许爱说“我以为”，也许爱说“绝对的”，也许爱说“没有问题的”……所有这些和你所说的事情意义毫无相关的口头禅，还是尽力避免吧。

字为文章的衣冠，言语为个人学问品格的衣冠。有许多女人相貌娇美，看上去高贵华丽，可是，不开口还好，一开口则满口粗俗语言，种种不合时宜的口头禅都脱口而出。这往往使人刚兴起的敬慕之心全然消失，这种情形并不少见。可惜的是，有些女人并非学问、品格不好，不过一时大意，犯了这毛病，自己不知道改正而已。

出现口头禅的原因之一，就是对所讲的内容不熟悉，讲了上句，忘了下句，此时一般人都会用口头禅来获得一点思考的时间，以便想起下句话。如果事前默讲几遍，对内容、措辞掌握得再熟悉一些，正式讲话时就能减少或不出现口头禅了。

对于较为难改的口头禅，可以听听自己的讲话录音，对自己讲话中的口头禅引起深恶痛绝之感。这样，往往能使自己讲话时十分警惕，力戒口头禅。

为了克服口头禅，可以在一段时间内，尽量讲慢些，养成从容不迫地思考和说话的习惯，一句一句地想，一句一句地说。待克服口头禅后，再根据不同的表达需要，适当加快语速。

女性朋友若用上述的方式尝试改变，就可以找出适合自己的有效方法，进行强化训练，以便更彻底地克服口头禅。

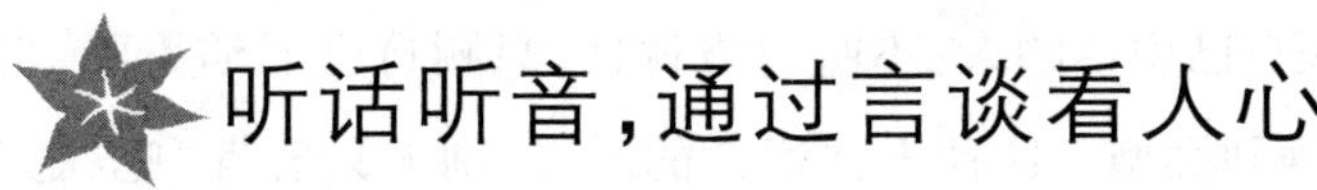

听话听音，通过言谈看人心

在这个纷纭复杂的现实世界里，面对千姿百态、不同面孔的人，我们如

何去把握，怎样去认识，这是社交一大课题。正因如此，人类才发出了“知音难觅”的千年感叹。然而，我们交朋结友的对象毕竟是人，所以只要拨开层层迷雾，对他人洞察入微，细心把握各方面，就一定能够识别出形形色色的人心。

自古以来，就有“言为心声”的说法，也就是说：什么样的人说什么样的话，一个人到底如何，可以从他的“言谈”得知。而一个人的言谈往往是人际关系的基础，要看准人，当然必须知人、知面、知心。做不到这一点，千万别随意投出信任票。所以，聪明的女性要从以下几点去研究。

1. 甜嘴巴：这种人开口便是大哥大姐，叫得又自然又亲热，也不管他和你认识多久。除此之外，还善于恭维你，拍你的马屁，把你“哄”得舒舒服服的。并不是说这种人就是必须防备的“坏人”，而是这种人因为嘴巴伶俐，容易使人心不设防，如果他对你心怀不轨，你不就上了他的当？

2. 自吹狂：这种人很喜欢夸赞自己的能力，如果你愿意听，他可能就会成为万能的人。事实上，这种人的能力是有问题的，因为他心虚，所以靠吹嘘来壮声势，好比胆小鬼走夜路要吹口哨那般。所以对“自吹狂”，一切的一切，都先打对折再说。

3. 漏风嘴：这种人喜欢到处打探消息，还喜欢讲“我告诉你，可是你不可以告诉别人”的“秘密”。如果他也向你传播某人的“秘密”，你当然不可再告诉别人，但你要有所警觉，你如果告诉他秘密，那么很快，你的秘密将不再是秘密。

4. 说起话来支支吾吾的人：这一类型的人，有时是因为缺乏表现力，无法巧妙地表达自己想要说的话，有时则是个性阴柔、思考深沉、度量狭窄。这种人，你的态度也要有所保留，因为他有可能瞒下了更大的事情。

5. 只顾自己说话的人：不听对方说话，只顾自己滔滔不绝、口沫横飞的人，则属于强硬类型。这种人在说话的时候，别人只要肯“嗯、嗯”地静静听他说，就可以得到他的好感。这种人的最大缺点就是自尊太强，经常喜欢抢先别人一步。

了解一个人,除了听他说了什么,还要听他是怎么说的。

首先,应该从他的语调上来判断。一般说来,如果对某人心怀不满,或者持有敌意的时候,许多人的说话速度会变得很迟缓。相反的,如果有愧于心,或者有意要撒谎,说话速度自然会变快起来,这是人之常情。

如果有人平时沉默寡言,却突然不大自然地能言善辩起来,那么他内心一定是隐藏着某种不能向外人道出的秘密。当一个人提高说话的音调,即表示他想压倒对方。高昂的音调只能象征精神的不成熟,很容易使人情绪激动并陷入口角与争执的状态中。

有一种人话题始终说不完,即使想要告一段落,也得花费相当长的时间,这表示说话者的内心潜伏着一种唯恐话题即将说完的不安与担忧。很多人也喜欢在句尾里加入某种暧昧不明的语气,这表示他是有意想逃避自己的责任。

说话速度是一种特征,是一个人与生俱来的气质及平日与人交往中锻炼所形成的。但是,异常的说话速度常常与内心的思想有很深的联系。

比如,平时能言善辩的人突然变得口吃起来,或者平时说话不得要领的人突然说得头头是道,这就要注意,是否发生了什么事情,使他们发生这么重大的变化。

有时候,狡诈的人所想的是一回事,所说的又是另一回事,他们常常以冠冕堂皇的言辞掩盖其罪恶的用心,以获得人们的支持,达到不可告人的目的。但是,只要你细心观察其言行,并加以分析,就会发现他的漏洞。当然,要想识人,就必须掌握他的全部情况,这是以言行察人的基本条件,如果仅仅依据他的一言一行而对他作出结论,必然失之偏颇。

我们要注意,通过言谈看人是一条容易入手的捷径,很直观,却不是很全面。在现实生活中,许多人心里想什么,行动上要干什么,并不完全体现在他的言语当中,一味根据一个人的言谈去判断就会上当受骗。就像有的人说话很随便很放肆,做事却尽心尽力;有的人说得正气凛然,其实人品却不值得恭维。所以,我们看人还要把他的言辞和行动结合起来看。

语言往往具有一定的欺骗性，单凭语言来取人识人是不可行的。只有听其言，又察其行，洞其心，才能真正认识一个人。

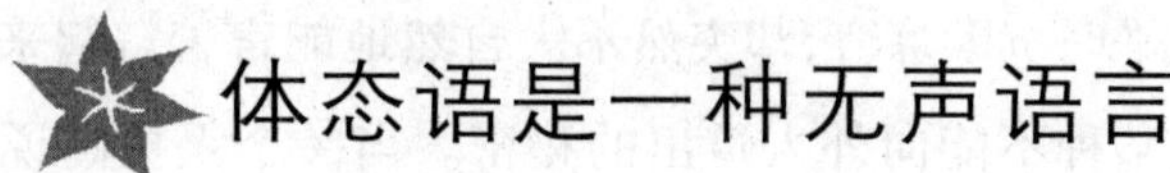

体态语是一种无声语言

在人际交往中，了解对方的心态，有利于选择合适的沟通交往方式。但是，对方的喜怒哀乐都藏在他自己心里，我们如何知道呢？这从他的身体姿态上可以看出来。因为身体姿态是一种无形的语言，能泄露一个人内心的秘密。因此，女性在跟人打交道时，要多多观察他们的行为态度以了解他们的心态。

自古以来就有“眼睛是心灵的窗户”的说法，在一般的情况下，人们的感情毫无保留地显示在眼睛里，如果在对方显示出信息后，利用身体距离，让对方与你缩小心理距离，这样你就占尽了优势。

第一，对方虽站在稍远的位置，但彼此视线相对的频率高的人对你怀有敬意，也有亲近感，认为应和你保持目前的关系。

第二，对方站在稍远的位置，且彼此视线相对的频率较低方对你具有恐惧感，没有亲近感，且想与你保持疏远关系。

另外，一个人的心理活动，会在手足的动作里显露无遗。

当人们兴高采烈时，不但笑容满面，甚至会欢呼雀跃，那种喜悦在手舞足蹈中表现出来。人在紧张时，脸上的肌肉会抽搐或紧绷，而且做其他动作都不自在，甚至会双脚打颤。要观察内心的感触和感情，那么身体语言就成为了重要的补充手段。

在身体的各个部位中，手的活动最为灵便，人的手势种类繁多、含义丰富，在与人交往的过程中，灵活多变的手势是身体语言中当之无愧的主角。所以，手势的好坏，往往在很大程度上影响着办事的成功与否。

手势语言可以表示“过来、去吧、欢迎、惜别、友好、祝贺、不同意、为难”等多种意思。如:用手指头,表示不耐烦;用手托下巴,表示老练、机智;双手指尖相合,形成塔尖形,表示充满自信;双手紧绞在一起,表示精神紧张;摊开双手,表示真诚坦白;不自觉地用手摸脸、摸鼻子是说谎的反映;当思考的速度加快时,手的动作也会急促起来,因为手的动作与思考的速度成正比;当脑海里浮现新的构想时,那么,用手抚摸头的次数就会增加。

此外,也有人惯用拳头击掌,或者故意把手指捏得咔咔地响。这种人大部分对自己体力充满着自信,所以,他们往往做出这些动作来威吓对方,不过在这时,他们的心理活动并不激烈。

当对手把手臂抱着时,则表示他对你开始注意并对你严加防范了,而且随时都要反击你;当交叉相抱的是胳膊而不是手臂时,则表示他根本瞧不起你。

这种交叉双臂的姿势是日常生活中极普遍的姿态。根据达尔文的研究,这种姿势似乎在世界各地都同样代表防卫的姿势。老师和老师在一起时常用这种姿势,医生和医生在一起讨论时,也常出现这种姿势。这种姿势似乎可以使人自觉稳如泰山,能对抗任何攻击。

日常生活中的身体语言不一而足,只要女性细心观察,就会发现其中的含义。

通过类似的方法,我们可以从不同的侧面去发现一个人表层和内在的各种东西,从而对他有尽可能多的了解。这样,许多不同的面目都呈现在眼前,我们就可以从中有选择地进行结交,以期得到可靠、忠诚的朋友,建立一种清晰而有利的关系,从而对我们的生活和事业有所助益。

服装能展现他人性格

“佛要金装，人要衣装”、“人靠衣服马靠鞍”、“三分长相，七分装扮”等俗语，说的都是服装对一个人的重要性，它被誉为人体的第二层肌肤。在远古时代，人们就开始意识到了服装的御寒功能，随着社会的发展与人们审美意识的不断提高，人们给服装又增添了遮羞与美的目的。在现代生活中，服装美已经成为人体的延伸，是一个人的思想、文化的外在表现，具有交际的生活美的意义，是一种无声的美感交际语言。正如莎士比亚所说的：“服饰往往可以表现人格。”穿衣在这个社会已经是一门高深的学问、一种艺术创造。

每个人所选购的衣服，包括样式、颜色、质地等都是自己心理状态的直接体现，了解了这些，对初见的陌生人也尽可了如指掌。

1.满足着装华丽者的表现欲

在大庭广众之中，我们可以发现某些人总是穿着引人注目的华美服饰，这种人大体上都有强烈的自我表现欲，同时这种人对于金钱的欲望特别强烈。所以，当你与这类身着华服的人做生意时，你就能洞察到他们的这种心理，多夸奖他们的服饰，满足其膨胀的表现欲是一个好办法，这种人不仅不会与你为敌，还会轻易地答应你所提出的条件。

2.给着装朴素者留点面子

有一种人穿着非常朴素，不爱穿华美的衣服，这种人大多缺乏主体性格，对自己缺乏信心。他们希望对别人施予威严，想要弥补自己的自卑心理。和这种人谈话时，千万注意别与他们争执不休，因为越是自卑的人，越想掩饰自己的自卑，也就越会与人喋喋不休地争吵，以期保存残存的一点点面子。争吵绝对不利于和他保持良好的生意关系，这时候，你可以大大方方承认他的观点，在对方心平气顺的时候，你可能会取得意想不到的效果。

3.流行是着装时髦者永远感兴趣的话题

有一种人，完全不理会自己的嗜好和别人的看法，甚至不知道自己真正喜欢什么，他们只以流行为嗜好，向流行看齐。实际上，这种人在内心深处常有一种孤独感，情绪也经常不安。与此类人打交道，可以采取“以迂为直”的策略，你不妨也来点“时髦”，并尽量从时下最流行的事和物谈起，从而引起对方对你这个人感兴趣，然后再逐步切入正题。

4.谨慎对待不理时尚的着装者

有一种对于流行的状况丝毫不为所动的人，这种人的个性可以说是十分强硬，但也有一些人是不敢面对外面的花花世界，而一味地把自己关在小屋子里。这种人认为：如果事事跟别人趋同，岂不是等于失去了自我？这种人常常以自我为中心，经常弄得大家索然无味。和这种人谈话，要采取“顺毛摸”的办法哄着、顺着，在其兴高采烈之时不知不觉拍板成交。

5.让突然改变着装习惯者得到赞美和认可

也许你某一天发现经常打交道的客户突然改变了习惯的穿戴，你千万不要惊慌，对于这种突然改变自己服装嗜好的人，你若想与他保持良好的关系，应当显得不当一回事，或者赞美他穿什么都很不错之类的话，相信他的心灵大门一定会向你敞开，你承认对方的态度比别人质疑的态度要强，你会赢得他的真情回报。

6.对流行不狂热也不漠然的着装者最可靠

这一类人处世中庸，情绪稳定，一般不会做什么出格的事。他们多有理性，不过于顺从欲望，也不盲从大众时尚。此种人比较可靠，值得结交。与他们交往应以诚为本，因为他们是你可以信赖的人。

细心的女性只要通过以上介绍认真仔细地琢磨，也就比较全面地了解到对方各方面的情况，也就为他人给你办事做了铺垫。有了这么多关于对方的信息揭示，你也就较为容易地在你脑中确立一个对方的具体形象。这时，你要对得到的信息进行一个迅速地加工整理，看哪些能够作为与其建立良好关系的最佳突破口。

简单的握手能透露什么信息

如今,握手几乎成为全世界共享的一种形体语言。与人初次见面、熟人久别重逢、告辞或送行,均以握手表示自己的善意。这是最常见的一种见面礼、告别礼。一些特殊场合,如向人表示祝贺、感谢或慰问时,双方交谈中出现了令人满意的共同点时,或双方原先的矛盾出现了某种良好的转机或彻底和解时,习惯上也以握手为礼。

然而,握手也是很有学问的。美国著名盲人作家海伦·凯勒写道:“我接触的手,虽然无言,却极有表现力,有的人握手能拒人千里,我握着他们冷冰冰的手指尖,就像和凛冽的北风握手一样;也有些人的手充满阳光,他们握住你的手,使你感到温暖。”

握手,是最常见的一种形体语言,它已发展成为交际的一个部分。握手的力量、姿势与时间的长短往往能够表达出握手者对对方的不同礼遇与态度,显露自己的个性,给人留下不同印象,我们可通过握手了解对方的个性,从而赢得交际的主动。

握手既轻且时短,被认为是冷淡、不热情的表示;紧紧相握、用力较重,是热情诚恳的表示,或有所期待的反映;力度均匀适中,说明情绪稳定;握手时拇指向下弯,又不把另四指伸直,表明不愿让对方完全握住自己的手,是对对方的一种藐视;握手时手指向内微曲,掌心稍呈凹陷,是诚恳、虚心、亲切的象征;用两只手握住对方的一只手,并上下轻轻摇动,是热情、欢迎、感激的体现;一触到对方的手立即放开,是冷淡和不愿合作的反映。

握手的力量、姿态与时间的长短能够表达出握手人的不同态度和不同的思想情感。具体地说,利用握手的方式,到底要怎样才能了解对方那种微妙的心理活动呢? 最具代表性的一种现象,就是透过手的温度状况来判断。

在人类的身体中，当发生恐怖或惊吓的感情变化时，跟自己无关的自律神经意识，会突然活跃起来，并引起呼吸的紧张、血压与脉搏的变化，或是汗腺兴奋等状况。你如果跟对方握手，发现对方的手掌出汗时，这就表示对方的情绪高涨，也可以说是失去心理平衡的表现。有些女性表面上看来冷若冰霜，但若握住她的手，却发现她的掌心有汗，这是因为男性的容貌、身体或者语言、气氛等，引起了她某种兴奋的表现。

握手的时候，最基本的礼貌是离座起身，带着和善的微笑向对方走近，伸出右手，四指并齐，拇指张开，互相握着对方的手掌，为了握得牢固而适当，大拇指与食指之间的地方必须与对方同一部位相接触。如果接触不到是虚弱的标志，接触过紧则显得咄咄逼人。一般情况下单手相握，手掌侧面向下，如果掌心向上，就表示对对方特别恭敬，如果掌心向下，就显得自信心较强，甚至傲慢，有居高临下的感觉。如果双手去握对方的手，是表示尊重与亲切，应该先伸右手与对方右手相握，然后伸出左手握住对方的右手手臂，这种方式不适合初次见面，会让别人认为你是讨好他，也不适合异性之间。除此之外，握手时用力要适当，不能使劲握着不放，还要注意避免急速、敷衍的握手，那样会显得你缺乏自信。

此外，握手也要讲究次序，如果上级、长辈、老师、女士或主人没有先伸出手，一般不要主动握手，否则会让人觉得你没有礼貌，或者你伸出手，对方没有反应，会使自己陷入难堪。另外，在宴客的场合，主人必须首先伸出手来与客人握手，如果身为女主人绝不能拘束，绝对不能让客人首先伸出手来跟主人握手。如果主人正在招待许多客人，一时没来得及跟其他的客人握手，客人应该等一下，不能随便走开或争着伸出手去乱握一番，这不仅会失礼，还会使主人感到不快。

握手，一个小小的礼节，却可以使你更细致地了解对方，更得体地表现自己，是我们在社交中不可忽视的一个关键环节。

办事找时机，进门先看脸色

在生活中，每个女人都不可能永远是公主，我们总有需要与人合作、找人帮忙、求人提携的时候。有求于人，选好恰当的时机是首要的条件，这就引出了人际交往中的脸色问题。

有人说：今天某公司的业务主管因喜得贵子在发糖，得赶紧找他签单子去。虽是玩笑话，却说明了人在兴头上好办事的道理。人的脸色和天气同样重要，看明白了，才可决定你的进退方案。

俗话说："出门观天色，进门看脸色。"观天色，可推知阴晴雨雪，携带行具，以不受日晒雨淋；看脸色，便可知其情绪。面部表情的色彩屏幕上显示的图像不同，人的情绪也不同。学会察言观色，实在是不可忽视的为人处世之道。知道情绪，便能善相处；善相处，便能心相通；心相通，便能达到一致。

有位记者曾去采访与一支著名篮球队刚交过锋的某队球员们。一进门，发现休息间气氛沉闷，一位球员铁青着脸，圆睁着眼，他赶紧退了出来，取消了这次采访。后来，这位记者才知道，这支球队吃了败仗，正在怄气。倘若当时不看脸色，硬要不知趣地采访吃败仗的"将军"，非挨骂不可。

这位记者就很有经验，懂得采访的"火候"。常言道："人好水也甜，花好月也圆。"人在高兴时，心情舒畅，看见高楼大厦，会想到"凝固的音乐"；看见车水马龙，会想到"滚动的音乐"。情绪好，容易体谅人，礼让、关心和帮助他人，也乐意与人攀谈，接受别人的邀请，甚至看见小狗也可能热情地打个招呼。正所谓"人逢喜事精神爽"。而人在烦恼时，心情抑郁，欣赏《田园交响曲》，也会觉得是噪音。

进门要看脸色，这里的脸色是指时机，是说双方在能谈得开、说得拢的时候，对方愿意接受的时候。一个人在车祸丧子的悲痛中还没解脱出来，你却上门托他给亲戚的儿子保媒说媳妇，无疑你会碰壁；领导正为应付上级检查而忙得焦头烂额，你却找他去谈待遇的不公，那你肯定要吃“闭门羹”，甚至遭到训斥。掌握好说话的时机，才能提高办事的成功率。那么，什么时候与对方交谈才算抓住了时机呢？

一是在对方情绪高涨时说。人的情绪有高潮期，也有低潮期。当人的情绪处于低潮时，人的思维就显现出封闭状态，心理具有逆反性。这时，即使是最要好的朋友称赞他，他也可能不予理睬，更何况是求他办事。而当人的情绪高涨时，其思维和心理状态与处于低潮期正好相反，此时，他比以往任何时候都心情愉快，说话和颜悦色，内心宽宏大量，能接受别人对他的求助，能原谅一般人的过错，也不过于计较对方的言辞。同时，待人也比较温和、谦虚，能不同程度地听进一些对方的意见。因此，在对方情绪高涨时，正是我们与其谈话的好机会，切莫错失良机。

二是在对方喜事临门时说。所谓喜事临门时，是指令人高兴、愉快、振奋的事情降临于对方时。如：对方在职位上晋升时；在科研上攻克难关、取得重大成果时；工作中成绩突出，受到奖励时；经济上得到收益时；找到称心伴侣、婚嫁或远方亲人来探望时，等等。常言道：“人逢喜事精神爽”，“精神愉快好办事”。在喜事降临时，我们上门找其交谈，对方会不计前嫌，而且会认为是对他成绩的肯定、喜事的祝贺、人格的敬重，从而也就乐意接受或欢迎你的到来，所求之事，多半会给一个满意的答复。

我们每天要与形形色色的人打交道，上司的脸色、所求的人的脸色，一般还是不容易被人忽视的。因为有一部分利益捏在人家手心里，把喜恶之色看准了，才好对症下药。对身边的亲友同僚、门房保安等众人，也绝对不可不看风头，我行我素。走惯江湖的人，都懂得顺风行船的道理，不是太急的事，不妨在对方心情和顺的时候再去商谈，这样便可省得不少力气。否则，万一他在怨怼中迁怒于你，以后想找机会下台都难。

因此，要学会察言观色，留意对方的表情，互谅互让，该进则进，该躲则躲，当止即止，就可避免许多不必要的纠纷，求得和睦相处。

第12章 多个心眼，会办事的女人不会横冲直撞

每个人都有各自不同的成长经历，都有自己的缺陷、弱点，也许是生理上的，也许是隐藏在内心深处不堪回首的经历，这些都是他们不愿提及的“疮疤”，是他们在社交场合极力隐藏和回避的问题。被击中痛处，对任何人来说，都不是一件令人愉快的事。

聪明的女人，不揭人伤疤，不以自己的优越对比别人的失意，这既是给对方一个面子，也可以使自己多交朋友、少树敌，铺平以后的人生之路。

在失意者面前，不谈自己的得意之事

生活中，经常可以看到一些夸夸其谈的女人大谈自己的得意之事，表现自己的能力。其实，这样不好。很多时候，对方不仅不会认为你是"了不起"的，相反还会认定你是个不成熟、喜欢卖弄的女人。所以，女性朋友与人交往，尽量不要提及自己的得意之事，更不能在失意的人面前提得意的事。

不在失意者面前谈论你的得意，这不仅是道德上的考虑，也是人际关系上的考虑。不过有一点你必须注意，就算在座没有正失意的人，但也总有景况不如你的人，你的得意还是有可能让他们产生反感。人总是有嫉妒心的，这一点你必须承认！当然，如果你不知道对方正当失意则另当别论。一般来说，失意的人较少攻击性，郁郁寡欢是最普通的形态，但别以为他们只是如此。听你谈论了你的得意后，他们普遍会有一种怀恨的逆反心理。这是一种深入到心里深处的对你不满的反击！你说得口沫横飞，满面红光，殊不知已在失意者心中埋下一颗炸弹，说不准什么时候就会爆炸。不管失意者所采取的泄恨手段对你造成多大的损失，至少这是你人际关系上的危机，对你绝对是没有好处的。

一位女士的宝贝女儿，从剑桥毕业回国之后，在特区一家金融机构供职，每月数万港元薪水。这位女士当然相当自豪，她面对亲朋好友时，言必称女儿的风光，语必道女儿的薪俸。一次偶然被女儿发觉，女儿便极力制止母亲，说总夸自己的女儿，突出自家好，人家会有什么感受，不要因此伤害了他人。

女儿的话在情在理。可见在叙述自我时，要防止过分突出自己，切勿使别人心理失衡，产生不快，以致影响了相互之间的关系。

人际交往中，你的一言一行都要考虑对方的感受，学会安抚对方的心灵，不可以由于自己的原因使对方心理失去平衡，给对方造成伤害。与此同时，自己的心灵也会因此而安然自慰，有一个好心情。

然而，每个人都想被评价得高一点。明知不可谈得意之事，但却情不自禁地大谈特谈，这是人性中比较麻烦的一面。所以，完全不谈得意之事当然不可能，但同样是谈得意之事，不妨注意一下谈的方式。

至少在别人未谈得意之事时，自己不要谈。也就是说，单方面大谈得意之事不雅，先让对方发表演讲之后，那种坏印象也就淡薄了。所以，聪明的人总是先煽动对方，如"您的见闻广博"，促使对方发表得意之事，然后若无其事地说："我也知道这样的事。"如此这般，穿插自己的得意之事。聪明的女人在与人交谈时一定会注意到这个细节。

聪明的女人切忌在失意人面前谈论得意之事。所以，当你处于顺境、春风得意时，与人交谈一定要考虑到对方的心情，以免无意中伤害了别人的自尊心。面对失意者不说得意事，敬人又敬己。

别表现自己的聪明

中国有一句成语叫做"锋芒毕露"，锋芒本指刀剑的锋利，如今人们将之比做人的聪明才干。在适当的场合显露一下自己的"锋芒"是有必要的，但是一个人的才智过高，在人与人的交往中也会使人产生逼人的感觉，如一把锋利的刀，会使人油然生出一种距离感，或产生回避、逃遁的心理意识，甚至成为你的阻力，成为你的破坏者。因为人从根本上讲是趋弱去强的，所以你若锋芒太露，就会丧失掉一些机会和朋友，就会延长成功的距离。

锋芒可以刺伤别人，也会刺伤自己，所以在运用的时候要小心谨慎。物极必反，过分外露自己的聪明才华，会导致自己的失败。尤其是做大事业的人，锋芒毕露，尽展自己的聪明和优秀，非但不利于事业的发展，甚至还会失

去自己的身家性命。

然而，生活中总是有些女人，常常说话做事无所顾忌，不论在哪、也无论是做什么事，总是显得比别人聪明，也正是这种"聪明"，使得她们在不知不觉中就得罪了人。

亨莉小姐刚到公司的时候，最喜欢吹嘘自己以前在工作方面的成绩，以及自己每一个成功的地方。同事们对她的自我吹嘘非常讨厌，尽管她所说的都是千真万确的事实。她与同事们的关系因此弄得很僵，为此，亨莉小姐很烦恼，甚至无法在公司里继续工作了。

于是，她不得不向成功学大师拿破仑·希尔请教。拿破仑·希尔在听了她的讲述之后，认真地说："唯一的解决方法就是，隐藏自己的聪明以及所有优越的地方。他们之所以不喜欢你，仅仅是因为你比他们更聪明，或者说你常常将自己的聪明向他们展示。在他们的眼中，你的行为就是故意炫耀，他们的心里难以接受。"亨莉小姐顿时恍然大悟。她回去后严格按照拿破仑·希尔的话要求自己。从此，她非常认真地倾听公司其他人口若悬河地谈论。很快，公司的同事就改变了对她的态度，慢慢地，她成了公司最有人缘的人。

根据心理学家分析，当自己表现得比朋友更聪明和优越时，那个朋友就会感到自卑和压抑。相反，如果我们能够收敛与谦虚一点，让朋友感觉到自己比较重要时，他就会对你和颜悦色，也不会羡慕和嫉妒你了。

聪明是一笔财富，关键在于怎么使用。财富可以使人过得很好，也可能把人毁掉。凡事总有两面，好的和坏的，有利的和不利的。真正聪明的人会正确使用自己的聪明——深藏不露，不到火候不轻易使用。

在人生中，无论是工作还是人际交往，都要时时注意，收敛自己的性格低调做人。太招摇、太张扬，不仅不会得到别人的肯定，有时还可能引起别人的嫉妒和反感，最终酿成悲剧。

我们不难发现，那些口若悬河、好出风头、心中藏不住半点秘密的人非常浅薄，时间长了也令人反感乃至厌恶。相反，那些看来口齿笨拙或者总是隐藏自己才干的人，却往往成竹在胸，计谋过人，更容易成功。过去说“宰相肚里能撑船”，是说大人有大量，这大量也包括深藏不露，胸中自有百万雄兵，能藏得住秘密，不会显山露水。

真正聪明的女性越少刻意寻求赞同，越少刻意炫耀自己，就会获得越多的赞同和欣赏。要知道，人们往往更留心那些内向、自信，不随时随地表现自己的正确与成绩的人。

古希腊著名哲学家苏格拉底在雅典一再告诉他的门徒：“你只知道一件事，就是一无所知。”而19世纪英国政治家查士德斐尔爵士则更加直白地训导他的儿子：“你要比别人聪明，但不要告诉人家你比他们更聪明。”

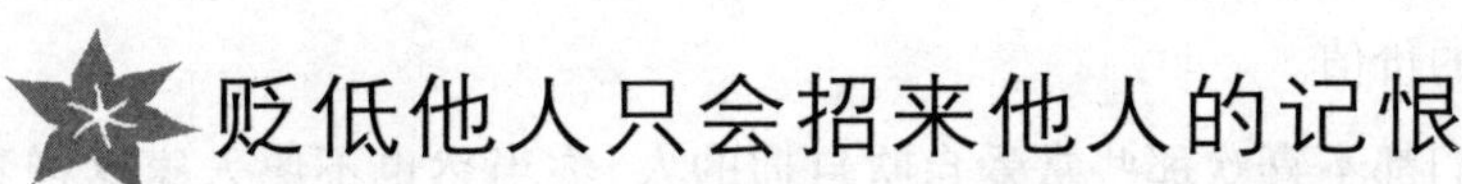

贬低他人只会招来他人的记恨

在交际应酬中不会适当抬高自己的人，很难获得高质量的交际效果。伶牙俐齿的口才，渊博的知识，温文尔雅的举止，乃至于巧妙的化妆及典雅的服饰，常常是社交获得人缘的重要因素之一。善于交际的女性，总是最大限度地把自己的“闪光点”呈现于他人面前，能给人一个难以泯灭的印象。但是，清高自负，狂妄自大，在言行上贬低他人，只能使社交变得毫无意义，并且招致他人的反感。

抬高自己，贬低别人，势必给别人带来思想上的不愉快，因为这种贬损与实际差距很大，实际上是对别人工作的一种主观的否定。一旦给别人带来思想上的不愉快，就会严重地影响他人的正常的思想情绪。另外，贬损的言辞还有可能被一些别有用心的人所利用，作为攻击或整治他人的材料，势必破坏彼此之间团结和谐的人际关系。

米娅自我感觉良好，然而在单位人缘并不好，因此她经常抱怨世态炎凉，责怪同事寡情。真的是世态炎凉、同事寡情吗？非也！原来是米娅自命不凡,每逢单位开会、年终考评,她都喋喋不休地贬损他人,以显示自己"崇高的思想"、"卓越的才能"和"非凡的业绩"。因此,同事们都觉得米娅太不像话了。于是,大家都不买她的账,让她陷入孤家寡人的境地。显然,米娅人缘不好,原因在于其贬低他人,抬高自己。在现实生活中,像米娅这种人为数并不少。

为什么有些人会不择手段地贬损他人、抬高自己呢?其原因显然是出于一种站在自己的利益上考虑的心理。有些女性为了充分地显示"自己的高明"和"非凡的价值",往往喜欢找参照物,自以为通过贬损他人,自己的高明和非凡的价值就能充分地表现出来了。

其实,真正有能力的女性不必吹嘘自己的成就,她的行动就可以表明一切。吹嘘和夸口其实意味着她并不真正了解自己,也不能正确认识自己在世界上的价值。

人们都不喜欢那些常爱自吹自擂的人,你当然也不愿人家这样看待你。那么最好的办法就是,在自己谈吐行动之间,处处给人留有余地,如果你的意见的确是对的,他们经过思索之后,自然会乐于接受。万一他们抱着一种成见,始终坚持不接受,那你也必须知道:过分强调、夸大的语气,并非是征服他们的武器,反而容易使他们更走极端,与你对峙起来。

据说萧伯纳少年时已很懂幽默,人又聪明,所以出语尖酸,人们被他说一句话,便有"体无完肤"之感。

有一次,萧伯纳的一位朋友在散步时对他说:"你现在常常出语幽默,不错,非常风趣可喜。但是大家总觉得,如果你不在场,他们会更快乐,因为他们都比不上你,有你在,大家便都不敢开口了。自然,你的才干确实比他们略胜一筹,但这么一来,朋友将逐渐离开你,这对你又有什么益处呢?"

朋友的这番话,使萧伯纳如梦初醒,从此他立下宗旨,改掉滥用幽默的习惯,而把他的这些天才发挥在文学上。

贬损他人、抬高自己是一种损人不利己的行为,在贬损他人的同时,也是在伤害对方的自尊心。有这种癖好的人,根本没有意识到对方的感受与对你的看法，只顾自己享受虚荣心满足后的喜悦，殊不知，摒弃、孤立早已为你挖好了陷阱。

显示自己和贬低别人，其表现往往是一步之差，关键在于把握适当的分寸。自己的身份、自己对某种技术的掌握程度，以及是否与当时的气氛和谐等都是应考虑的，在此基础上，充分发挥优势，就可能博得别人的好感。若没有这些修养，引人注目只能是虚张声势。用旁若无人的高声谈笑、矫饰的表情、夸张的动作来表现自己，其结果往往适得其反。有人为了讨得异性的好感，或贬低同性，或乱送秋波，这些不仅俗不可耐，也是不道德的；要知道对同性的友好，是心地善良的表现，这往往也是人们对女性的期望。无论什么时候，男性的油滑，女性的轻浮，都是令人讨厌的。

尊重上司的权威，不要当面顶撞上司

作为一个职业女性，最忌讳的就是冲撞上司、挑战权威。不管你的上级领导平时多么平易近人，多么和蔼可亲，你都不可放松警惕。如果你有一次扫了他的面子，让他心里不舒服，总有一天他也会让你不舒服。每个领导都希望下级尊重自己，因为只有这样，才有权威感和优越感。因而，你在和上级领导相处时，要牢记一个原则：除了尊重，还是尊重！

女性朋友在工作中，在上司正确的情况下，对上司表现出应有的尊重，这点比较容易做到。但是，假如上司错了，有的女性朋友会在心里憋不住劲儿，想和上司理论一番，甚至直接指出他的过失。这样，上司虽然在心里认为你可能是对的，但面子上肯定会挂不住，一定会把你视为一个可恶的下属，从而不会想着给你晋升的机会。

女性朋友在与上司相处时，尽量不要意气用事。因为上司习惯了高高在上，习惯了成功，有些事情一旦没有达到预期效果，就会感到不顺心。此时,女性朋友若是不能很好地控制自己的情绪,使自己冷静下来,“城门失火,殃及池鱼”,那么,你就会成为他看着烦、听着厌的目标。

在不了解情况时,作为下属的你千万不要冲动,因为上司的发火有时是没有什么依据的。此时,你应该弄清原因对症下药,这样不仅能够化解上司的怒气,还会让他对你的冷静留下深刻的印象。

小美在一家商贸公司工作。一天,公司经理由于与外商谈判进行的非常不顺利,本来谈妥的事情又中途变卦。当他怒气冲冲地回到办公室,见到办公室乱七八糟,心情更加烦躁,不分青红皂白就大骂起来。此时,小美正在不紧不慢地看报纸,以为上司是冲着自己来的,加上平时就觉着上司好像对自己有意见,心想:自己的工作做完了,看会儿报纸还挨一顿臭骂。于是,与经理争吵起来。另一位同事连忙过来,向经理说明了情况,经理此时也有些醒悟过来,直言:心情不好,不好意思。对小美却悻悻然,感到小美不懂事儿。

聪明的女性在遇到上司发脾气时,即使你认为自己受到了委屈,也不应该当场顶撞和对抗,同样应该忍耐,不同的是,你可以等上司冷静之后再向其作解释。当然,这是指比较重大的事情,对于一些不涉及切身利益和个人尊严的小事情,你则大可不必与上司斤斤计较。

值得指出的是,那些在上司对其发脾气之后,特别是受到委屈对待时,能主动向上司表示亲近的员工,会被视为聪明的、有理智的人。这不是委曲求全,而是一种良好的素质修养。

不尊重自己的上司,实际上就是在和自己过不去。当你与上司相处时,必须小心谨慎,来不得半点马虎。因为有时候,才干和成绩只是提拔晋升中的部分因素,与上司的关系可能才是决定性的因素。

然而有许多时候,下属的冲撞会使上司下不了台,面子难堪。如果上司的命令确有不足,采用对抗的方式去对待上司,这无疑会使他感到尊严受损。特别是在一些公开场合,上司是十分重视自己权威和面子的,或许他会表示可以考虑你的建议,但他绝不会允许你对他的权威提出挑战。

留面子表明你对上司是善意的,是出于对上司的关心和爱戴,是为了帮助公司做好工作。这样，他才愿意理智地分析你的看法。留面子还表明你是尊重上司的，你依旧服从他的权威，你的意见并不代表你在指责他，相反，你是为他的工作着想。

留面子，其实就等于给自己留下充分的余地，下属可利用这个余地同上司在私下里进行更为深入的交流和探讨。同时，这个余地还表明，下属只是行使了一定的建议权，而上司仍保有最终决断的权威。留有余地，还会使下属能够做到进退自如，一旦提出的意见并不确切或恰当，还有替自己找回面子的余地。

常言道"退一步海阔天空"，这话讲得还是十分有道理的。女性朋友在与上司打交道的过程中，如果能够采取以退为进的策略，给上司留足面子，就可以避免与上司争执不休，也很可能会收到更佳的效果。

真诚表达你的难处，获得对方的理解

女性从小就被教导要"服从"、"听话"、"温顺"，当别人有所要求时，"拒绝"是一种不礼貌的行为。因此，很多女性成长以后，周旋在丈夫、儿女、公婆、老板之中，她们极力扮演好各种角色，处处讨好别人，一旦她们发现自己力不从心，就会陷入极度沮丧的情绪中。

事实上，那些不应该做、不愿意做或者很难做到的事情，女人完全有拒绝的权力。注意一下方式，讲究一些方法，就可以做到说"不"而不伤人。

某单位一名职工找到车间主任要求调换工种，车间主任心里明白调不了，但她没有马上回答说："不可能。"而是说："这个问题涉及好几个人，我个人决定不了。我把你的要求带上去，让厂部讨论一下，过几天答复你，好吗？"

这样回答可让对方明白：调工种不是件简单的事，存在着两种可能，使对方有些思想准备，这比当场回绝效果要好得多。

要拒绝、制止或反对对方的某些要求、行为时，你可以利用个人的原因作为借口，避免与对方直接对立。比如，你的同事向你推销一套家具，而你却并不需要，这时候，你可以对对方说："这样的家具确实比较便宜，只是我也弄不清楚究竟怎样的家具更适合现代家庭，据说有些人对家具的要求是比较复杂的。我的信息也太缺乏了。"

在这种情况下，同事只好带着莫名其妙、似懂非懂的表情离去，因为他们听出了"不买"的意思，想要继续说服你，却不知从何深入话题，"更适合现代的家庭"是一个十分笼统而模糊的概念，这样，即使同事想组织"第二次进攻"，也因为找不到明确的目标而只好作罢。

一家汽车公司的销售主管在跟一个大买主谈生意时，这位买主突然要求看该汽车公司的成本分析数字，但这些数据是公司的绝密资料，是不能给外人看的。可如果不给这位客人看，势必会影响两家和气，甚至会失掉这位大买主。这位销售主管并没有说"不，这不可能"之类的话，但他的话却婉转地说出了"不"：

"这个……好吧，下次有机会我给你带来吧。"

知趣的买主听后自然不会再来纠缠他了。

拒绝的话，没有人愿意听，但又不能不说。成功的拒绝，语态也是个重要因素。不同的说话语态，产生的效果截然不同。比如"对不起"三个字，如果你用谦恭语态说出来，别人听了心里就舒服；若是要用生硬、冷淡的语气表达出来，会使人产生反感、不痛快，甚至无法接受。这样不仅达不到预期的效果，还有可能影响到彼此的情感，引发不必要的矛盾与冲突。

在拒绝别人时，要尽量使语气和缓，不用粗暴生硬的语气。如果你对某个要求不满意，你绝不能用抵抗的态度，如果你觉得有难处，应该用和缓语气把理由表达出来，对方考虑到你的难处，通常是不会为难你的，并愿意接受你的拒绝。所以，在拒绝人时，要在语言上下工夫，通过语言沟通，增进彼此间的感情。

有个人想请长假外出经商，来找某医院的一个朋友想让对方帮忙出具一份假的肝炎病历和报告单。对此作假行为，医院早已多次明令禁止，一经查实要严肃处理。于是，该医生就婉转地把他的难处讲给朋友听，最后朋友说："我一时没想那么多，经你这么一说，我也觉得这个办法不行。"

这样的拒绝，既不会影响朋友间的感情，又能体现出你的善意和坦诚。

拒绝既要有力度又要不伤人，是很难把握的。因此对人说"不"的时候，意思一定要明确，防止不必要的误解。说话的方式要灵活一些，你可以通过温和的语气把事实讲出来，让来者自动地知难而退。

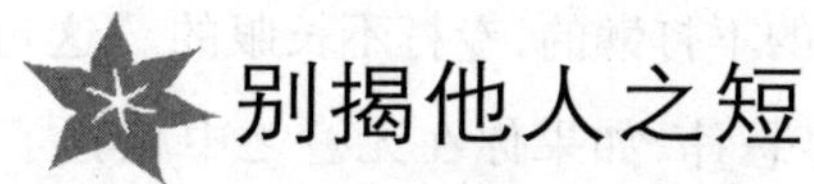

别揭他人之短

俗话说得好："打人不打脸，骂人不揭短。"要想与他人友好相处，就要尽量体谅他人，维护他人的自尊，避开语言的"雷区"，千万不要揭人之短，戳人之痛。

我们每个人都会有缺陷、弱点，尤其是在生理上的缺陷，本人无法去改变它，而且内心也许常为此懊恼。我们不可以拿对方的缺陷来开玩笑，就算为自己的利益着想，也不应去触痛别人的"疮疤"。因为对任何人来说，被击中痛处，都会引起不快。

人们之所以有忌讳，怕别人揭自己的短处，说到底是自尊心问题，怕脸面上过不去。所以，你若想获得朋友，就一定不要触碰对方的短处。

古代有一则故事，说的是有一个叫鱼子的人，生性古怪，对人尖酸刻薄，总好揭人短处并以此为乐。有一天，朋友们坐在一起喝酒，其中一个叫吴丑的因老婆管得太严而不敢多喝。鱼子便吵吵嚷嚷地说："你们知道吴丑为什么不敢喝酒吗？是他的老婆管教得太严了。有一次，吴丑喝醉了酒，还被老婆打了几个耳光呢！"吴丑被鱼子当众揭了短处，恼羞成怒，拂袖而去，大家也弄了个不欢而散。

生活中像鱼子这样的不乏其人。他们认为，只有揭了别人的“短”，才足以证明自己的“长”，以此来获得心理上的满足。殊不知，这样做的结果只能使人们对他避而远之。

有一位年轻的姑娘长得很胖，吃了不少的减肥药也不见效果，心里很苦恼，也最怕有人说她胖。有一天，她的同事小吴对她说：“你吃了什么呀，像吹气儿似的，才几天工夫，又胖了一圈儿。”胖姑娘立马恼羞成怒：“我胖碍着你什么了？不吃你的，不喝你的，真是狗拿耗子——多管闲事！”小吴不由闹了个大红脸。在这里，小吴明知对方的短处，却还要把话题往上赶，这自然就犯了对方的忌讳，不掀起一场风波才怪呢。

俗话说：“不打勤的不打懒的，专打不长眼的。”这句话说得实在有道理。因为，人生在世有很多忌讳，如果你在无意之中触犯了别人的忌讳，就会在无形之中得罪对方。所以我们说话时，一定要眼观六路，耳听八方，千万不要说大家不愿听的话。

有一位姑娘谈恋爱遇挫，头一回感情旅程就打了“回程票”，心里有点懊恼。这位姑娘性格内向，平时不善言谈，也没有向旁人袒露内心的秘密。单位里一个与她很要好的同事在办公室里看到她愁容不展，就当着众人的面说起安慰话：“这个人有什么好，凭你这种条件，还怕找不到更好的？”没等她说完，这位姑娘就跑出办公室。这时，同事才感到这样的地方、这样的安慰话有些不当，可姑娘已无法领情了——几句安慰话倒成了彼此尴尬的缘由。

对性格内向的人或者是怕羞的女孩子，一般不宜在众人面前直接给予安慰。尤其是涉及别人的隐私，万万不可“好心办错事”，不宜在公开场合“走漏风声”，在说安慰话时，还得“看人点菜”，不同对象要不同处置。

人们在交谈中常有一些失言：“哎，你儿子的脚跛得越来越厉害了？”“你怎么还没结婚？”“你真的要离婚吗？”等，一些别人内心秘而不宣的想法和隐私被你这些话无情地暴露了出来，实在是不够理智的。如果你想让人喜欢，就不要对跛子谈跳舞的好处和乐趣；不要对一个自立奋发的人谈祖荫的好处；不要无端嘲笑和讽刺别人，尤其是别人无能为力的缺陷，否则就是一种刻薄。

人们对于自己的忌讳，通常极为敏感。由于心理作怪，人们往往把别人的无意当成有意，把无关的事主动与自己相联系。有时，你随口谈一点什么事，也很可能被视为对他的挖苦和讽刺，正所谓“说者无意，听者有心”。因此，我们不仅应避免谈论别人的忌讳之点，同时也应注意不要提及与其忌讳之点相关联的事物，以免造成对方的误会，以致使对方的自尊心受到无谓的伤害。在与人相处时，即便是为了对方或是为了大局必须指出别人的缺点，也要讲究策略和方法。

与人争论，你获得的可能只是口头上的胜利

有一种女人，反应快，口才好，心思灵敏，在生活或工作中和人有利益或有意见的冲突时，往往能充分发挥辩才，把对方辩得脸红脖子粗，哑口无言。

在辩论会、谈判桌上，这种人也许是个人才，但在日常生活和工作场合中，这种人反而会吃亏，因为日常生活和工作场合不是辩论场，也不是会议场和谈判桌，你面对的可能是能力强但口才差，或是能力差口才也差的人，你辩赢了前者，并不表示你的观点就是对的，你辩赢了后者，只会凸显你是个好辩的女人罢了。

智者认为：“你绝对赢不了任何争论。”想想吧，如果在争论中你输了，自然是输了自己的观点，无话可说；即使是你赢得了争论，可是对方却会因此认为你这个人性格太张扬，不易接近和相处，以后会因此而疏远你，更严重的还可能觉得你让他丢了面子，输了自尊，因此会怨恨你的胜利。

人有好口才不是坏事，但运用不当则会坏事，因此你若有好口才，建议你：

1. 欢迎不同的意见

有这样一句话:“当两个伙伴总是意见相同的时候,其中一个就不需要了。”人的思维不可能是绝对的全面的,总有一些客观或主观的原因让你有所忽略,那么,有人给你提出来可谓是一件好事,提醒你注意,让你避免下次犯更大的错误,你真的应该衷心地对他说“谢谢”。不同的意见绝对不是引起争论的理由。

2. 不要急于为自己辩护

人也是动物,有最基本的生理反应,就是自卫。当一遇到对抗或者攻击的时候,直觉就会让你先去自卫,要为自己找理由去辩护,这就是争论的开端了。因此,应该先冷静地听完对方所有的观点,客观地分析和思考,说不定就真的能从中获得极大的益处。不要急于作出第一反应,这时冷静是最好的应对方法。

3. 要诚实

如果发现自己真的有错,绝对不要再试图为此掩盖或找理由开脱,那只会欲盖弥彰。诚实地向对方承认自己的错误,并且请求他的谅解,别人是无法拒绝的。解除对方的武装,使对方不再步步为营,也就能让你继续冷静地去找出解决问题的更好方法,而不至于争论起来。

4. 找出共同点

有的争论,到最后双方发现其实彼此的观点中有很多相似的地方,完全没有必要去为此而争执不休。然而,因争论对感情造成伤害而不可挽回,岂不是件憾事。因此,在最开始就去寻找双方的共同点,既能保持双方的良好关系,又有利于找到灵活解决的方法。正如托马斯·杰弗逊所说:“在原则问题上坚守立场,在极端问题上灵活处理。”

如果要想表现得比别人聪明,就不要向对方显示你的口才,也不要随便地践踏他人的尊严,在公共场合给别人留足面子,要比自己死要面子强百倍。做人的道理,有时很简单,即避免与人争论,就能让你获益匪浅。

第13章 女人做事，要发挥自己的性别优势

女人特有的温柔、细致和耐性是女人的优势所在。聪明女人的世界里，平静而理智地处理事情才是最正确而完美的途径。无论碰到什么样的情况，温柔的女人都不急不恼，用最优美的姿态，为自己去争取最合理的待遇。懂得运用女性的特性，实质就是掌握了女人的生存手段和竞争方式。

温柔是女人独有的魅力，温柔使女人无坚不摧，是女人征服世界的通行证。

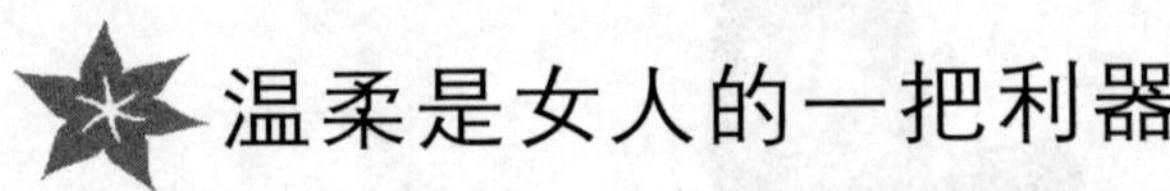

温柔是女人的一把利器

作为女人，你尽可以潇洒、聪慧、干练、足智多谋、会办事儿，但有一点不能少，你必须温柔。

"温柔"这两个字很自然地就和关心、同情、体贴、宽容、细语柔声联系在一起。温柔有一种无形的力量，能把一切愤怒、误解、仇恨、冤屈、报复化解掉。在温柔面前，那些喧嚣吵闹、斤斤计较、强词夺理、得理不饶人，都显得可笑又可怜。

阿碧的丈夫，是有名的火爆脾气，连婆婆都说"这小子沾火就着，倔得像头驴"。但也应了那句话——"一物降一物，卤水点豆腐"，阿碧的坏脾气老公，在她面前服服帖帖，两人把小日子过得和美无比。

阿碧不是那种会发火、撒泼的女人，相反，她在老公面前一向话不高声，笑意盈盈。如果老公倔得无理，她也不会被激怒，而是粉面含春、轻哼歌谣。老公在旁边自觉成了透明人，只得很知趣地软了下来，主动凑过来，有一句没一句地跟她搭讪。她这才撅起嘴，扭过脸去做不搭理状，像是受了天大委屈一般，老公大动恻隐之心，反过来百般哄劝。阿碧趁势收起小姐脾气，展颜一笑。于是，云开雾散，阳光灿烂。

面对女人温柔的退让，除非是那种不知好歹、缺乏智慧或与妻子没有感情的丈夫，否则都会在妻子的包容中败下阵来，并在妻子潜移默化的影响中，自动修正自己的激烈性格和行为。

女性特有的温柔，在我们的社会生活中同样拥有强大的效力。

现在，能够在著名公司里站稳脚跟的女性通常是十分优秀的女性，她们聪明、有学识、口齿伶俐、英明果断，办起事来大刀阔斧，绝不优柔寡断、因循守旧，而且懂得收起咄咄逼人的强悍。即使她们性格各异，但也有一个共同点，那就是都保持着一份温柔而妩媚的特质——刚柔并济。

女性要用心维护温柔的特质。女性的温柔不代表穿得暴露、卖弄风情，这会显得低级庸俗，没有内涵。但也不是小女孩般故作天真，撒娇耍赖。女性的温柔是摒弃所有的矫揉造作，修炼内功，在举手投足间使人感觉到温柔善良的心灵，从容优雅的气质，精致丰富的内涵，眼波流转的风韵。当然还包括：得体的服饰，健康靓丽的肌肤，真挚灿烂的笑容，积极向上的人生态度。

女性的温柔不表示脆弱、没有主见、绝对服从，或承认能力不如男性。首先你要认识到你是个女人，行为要温柔。在工作和事业上，你可以把女性的特质适当配合事业上男性化的特征，进而得到男人的合作和支持。从前，很多女人为在事业上争得一席之地，常要模拟男人变得非常果断、刚硬，但现在，女人在事业上尽量发挥温柔的魅力，便能以柔克刚、以弱治强，保持刚柔平衡，成为成功的职业女性。

越是成功的女人，越会恰到好处地运用自身最丰富、最本能的武器，这就是温柔的另一面——脆弱。脆弱常常表现为一种被动，像是不具备任何进攻性，实际上脆弱的进攻性是非常强硬的，滴水石穿，就是这个道理。舌头与牙齿相比显然是脆弱的，但牙齿常常会烂掉或碰碎，而舌头始终完好无缺。世界上的生灵也是这样，虎豹与牛羊比，虎豹要强大得多，但在生物的进化中，虎豹却越来越少，成了濒临灭绝的物种，而牛羊却欣欣向荣，遍地皆是。细雨绵绵，可能没有太大的冲击力，但万物生长，则是靠润物细无声的细雨，而狂风暴雨，可能惊天动地，但却给人带来恐慌的感觉。

脆弱是女人获取胜利的一种战略战术，是成功的前奏。特别是面对骄横强大的敌人时，女人的脆弱是一种非常有效的兵法，可以迷惑对手，令其麻痹大意，然后再选择时机，出奇制胜。

温柔作为女人拥有的特性，不仅为男人世界所认可，更是吸引和征服男人不可抵挡的力量。女人的柔性并非指女人的强弱，而是指女人的特性，女人特有的温柔、细致和耐性是女人的优势所在。女人温柔的力量犹如太极拳,四两拨千斤,微微一笑间超然世外,对于对手也是极大的打击,犹如蓄势的拳头打在棉花上,只会产生毫无成就感的失落;聪明女人的世界里,平静而理智地处理事情才是最正确而完美的途径,只要坚持自己的立场,坚信自己的理念,就会很快以最优美的姿势到达自己的目的地。

好事多磨,发起你的温柔攻势总会成功

女性朋友在求人办事时,不可能总是一帆风顺,若有点“泡”的功夫,必然无往而不利。不答应,你就跟他“泡”到底,就能“泡”出个结果来。人在江湖,不可面薄心软,知难退却。

然而,“泡”也是需要灵活掌握的。如果所求的事,对方力不从心、爱莫能助,那就不要硬“泡”了。对于能办的,是因为没有感情而不愿意帮忙的,这时女性朋友要办事,就要拿出诚意,真心实意地“泡”。要想“泡”,还要有手段:不管对方以什么态度对你,你都要不急不恼,始终保持友好的态度,这时你千万要记得,你要的是结果而不是过程。你要友好地赖着对方的地盘、赖着对方的时间,要有打“持久战”的精神。

有些女人脸皮太薄,自尊心太强,经不住人家首次拒绝的打击。只要前进一受阻,她们就感到羞辱气恼,要么与人争吵,要么拂袖而去,再也不回头。看起来,这种人很有几分“骨气”,其实这是自尊过分脆弱的表现,只顾面子而不想千方百计达到目的,于事业无益。我们在求人时,既要有自尊,但又不要过分自尊,为了达到交际目的,有时脸皮不妨厚一点,碰个钉子,脸不红心不跳,不气不恼,照样微笑与人周旋,只要还有一丝希望就要全力争取,不达目的绝不罢休。

女人要求人办事,不仅要能“泡”,还要会“泡”。换言之,“泡”不是消极地耗时间,也不是硬和人家耍无赖,而是要善于采取积极的行动影响对方、感化对方，促进事态向好的方向转化。

杨梅是保险公司的一名职员，她想到一家较大的餐厅做业务，于是就去拜访这家餐厅的店主。女店主一听到她是保险公司的人，笑脸在瞬间就收了起来。“保险这东西，根本就没有什么用处。你什么也不要和我说，我根本就不会买保险，你就死了这条心吧。”“我不会浪费您太多的时间，您只要给我几分钟让我为您说明就好了！”“你看到了，我现在很忙，如果你有时间，就帮我洗洗碗和盘子吧！”

女店主原来只是以开玩笑的口吻戏谑杨梅，没想到杨梅真的脱下外套，卷起袖子开始洗了。老板娘被吓了一跳，大声地对她喊道：“你来这一套也起不到任何作用，我们实在是不需要保险！所以，不管你怎样说，怎么做，我们也绝不会去投保，我看你还是别浪费自己的时间和精力了！”

杨梅以后每天都来这家店里洗碗和盘子，女店主还是铁石心肠地告诉她：“你再多来几次也没用，你也用不着再洗了，如果你不是个傻子的话，趁早找别的人家吧！”

但是杨梅却依然天天来这家店里洗碗，10天、20天、30天过去了。到了第40天的时候，这个讨厌保险的店主终于被杨梅的耐心感动了，最后答应在杨梅的公司投高额的保险。不仅如此，还给杨梅介绍了不少生意！

有些事儿你怀着一片热心找到对方头上，对方能办，可就是找各种各样的借口和理由搪塞、推托和拒绝，搞得你无能为力、无可奈何、无计可施。有些人在这种情况下只好打退堂鼓，撤回来了事，也不再另行组织进攻了。但也有一部分性格顽强、不达目的誓不罢休的人，他们采用软缠硬磨法，不答应就是不撤退，不把事情办成就是不回头，搞得对方急不得恼不得，最后不得不答应他的要求。

俗话说得好：“人心都是肉长的。”无论双方距离有多远，只要你善于用行动证明你的诚意，就会促使对方改变对你的看法，进而理解到你的苦心，就会从固执的框子里跳出来，那时你的事情就有希望了。

因此，女人在找人办事儿时，就要有愚公移山的精神。只要你有心去做，锲而不舍，坚持不懈，就没有办不成的事。

和善亲近，接触你的"贵人"

在生活中，你可以看到有些女人并不具备可以称道的背景，专业技能也算不上出类拔萃，但是她们所取得的成就，却是一些基础条件优越的人所不能的。当然，这里面有多方面的原因，但是有一点绝对不可忽视，那就是她们可以信托的关系很多，更懂得如何与人合作。

越是在男人成堆的地方，女人的交际手段越能发挥重大作用。心理学家戴维·巴拉什证实了如下假设，即："男人的成功一般是通过实际的竞争取得的，而女人的成功则往往是通过交际联络取得的。"女人应善于运用你这方面的优势，表现自己温柔、机敏、富于亲和力的一面，争取更多的支持和帮助。

当你的个人力量还十分弱小的时候，一次良好的合作机会，会给你事业的发展提供有力的支持。请教和拜托别人，意味着不走弯路，能够积极地解决问题。因此，敢问人、敢求人的人，多数都有主导性的人生态度。女人如果想在自己的人生中获得更大的收益，应该学会主动与外界进行有效的沟通。事实上，我们在人生的许多转折点，都需要他人的一臂之力。

专攻美术的小伊，愿望是成为一位插图画家。但是，由于没有工作经历，毕业后她也没有找到一份称心的工作。于是，小伊开始在一家图书馆打工，有时间就练习画画技巧，培植自己的梦想。

有一天，一位四十多岁的男士来还书。她看了一眼书的封面，便被这本书深深地吸引住了，原来这是一本集合了意大利著名童话作品的插画书。小伊高兴地问他："这本书好看吗？"那位男士对图书馆管理员开口讲话感到颇为吃惊，他犹豫了一下后立刻微笑着说：

"是啊。如果对童话插图有兴趣的话,这是一本值得参考的书。"

"是吗?那我一定要借来读一遍了。谢谢!"

看着小伊的笑脸,本来已经转身向外走的男士又回来问她:"你是否会画儿童插图?"

"我很有兴趣,但现在还在学习中。"

"嗯……是吗?那你可以找个时间跟我联络,我想看看你的作品。"

看到这位男士递来的名片,小伊吓了一跳。他是一家以出版画册闻名的出版社的社长。他是为了一本童话书的插图而到图书馆借书的。若干年后,小伊就因为这次意想不到的机会成为一名插画家。

有些人无论走到哪里,都会有许多好朋友,迎接他们的,是可爱的笑脸和亲切的关怀;另外一些人则完全相反,他们的朋友极少,所遇到的人也彼此漠不关心,仿佛一直行走在一个毫无生气的荒漠里。

那些受欢迎的人,是命运给了他们太多的眷顾吗?不,凡事有因才有果,在为人处世上,也是同样的道理。心理学上的"照镜子"效应,是这么解释的:

与人交往,常常会有这样的感觉,这人一眼看去就不错,与自己很投缘,果然大家谈得很好;而另外一些人一接触,感觉上讨厌,结果真的格格不入。为此,我们总是庆幸自己感觉灵验。其实,在与人打交道时,我们自己的待人态度会在别人对我们的态度中反射回来。如同你站在一面镜子前,你笑时,镜子里的人也笑;你皱眉,镜子里的人也皱眉;当你叫喊,镜子里的人也对你叫喊。如果你变成了一只刺猬,你认为别人还会用柔软的心来靠近你吗?

你散发出怎样的信息,就会得到怎样的回报。当你不喜欢别人时,相应的,别人也可能不会接纳你,因为你所发出的不友善的信息,别人一样可以感受到。

如果你事先就确认某人难以对付,你就很可能会用带有敌意的方式去接近他,在心中握紧你的拳头战斗。其实当你这样做时,你简直就是设置了个舞台让对方去表演，对方也就被逼扮演了你为他设计好的角色。

敏感的心和不安全感让我们对别人充满防备和敌意，我们害怕受到伤害，于是摆出一副强势的姿态，可是你的这种姿态其实是很无力的，它只能将朋友吓跑，却不能击退强敌。世界真的不像我们想象中那样可怕，围绕在你身边的大都是可爱善良的人们，如果我们用芒刺针对他们，我们就会失去可以帮我们对抗真正敌人和困难的帮手。更可能使自己腹背受敌、四面楚歌，最后很可能陷入一种可怕的绝望当中。所以，好好想想，然后收起自己的芒刺，对生活报以微笑吧！

说到在社交场合中的表现，我们多会想到一些技巧性的东西，其实以心换心才是一个必要的前提，尤其是对于女性朋友，一个温柔的、善良的女人，即使偶尔会出一些小小的差错，人们一般也不会和她太较真。

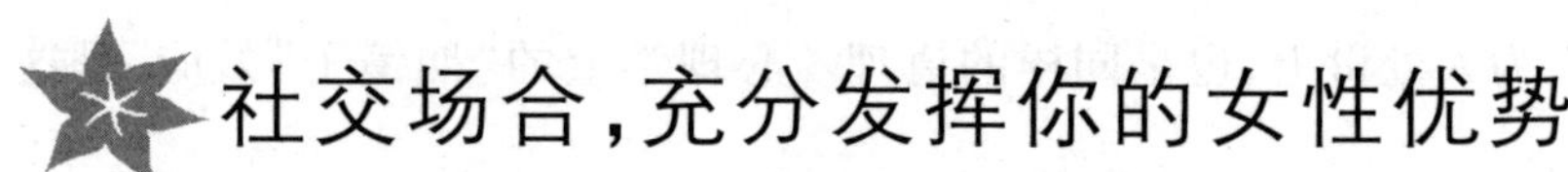

社交场合，充分发挥你的女性优势

有科学资料表明，在只有男性或女性的单一的性别组成的单位，人们不仅易于疲劳，工作效率不高，精神也不容易集中，人们的精神时常呈现一种没精打采的状态，或呈现情绪低落、头晕、烦躁、心慌等症状。

类似的情况还发生在进行宇航工作的宇航员中，宇航员初始的时候都由单一的男性构成，长时间在脱离社会交往的环境里进行密闭容器里的航天飞行。这些人大多数都出现头晕、心烦、心慌、呕吐等症状，这些症状被人称为“宇航员综合症”。后来医生建议，在宇航飞行中，搭配上一名女性宇航员，上述症状就不药而愈了。

在人类社会中，异性相吸、同性相斥的心理是普遍存在的。男性常常被女性的美貌、温柔、贤淑所打动，从而对女性产生一种特殊的情感。因此，男性在女性面前，竞争意识会大大提高，总表现出自己的出众才干，显示自己的强大和所具有的权威性，这种心理有时是有意识的，有时是无意识的，但大多数男人均不愿承认自己有超越同性取悦女性的心理。

在社交场合，男性常常表现得举止潇洒、气度不凡、才华横溢，以此来唤起女性的好感；女性所表现的美丽脱俗、温存柔弱、贤淑大方，给男性留下了非常好的印象，让男人从内心深处愿意为自己效劳，甚至将帮助自己视为一种荣幸。因此，不论多么邋遢的女性，当意识到自己将要与一个男性打交道时，常常会有意无意地打扮一下，如拢拢头发、拽拽衣襟，弹一下身上的灰尘（不管有没有）。大多数女性在交往前还要照照镜子，若看到自己服饰得体、楚楚动人，便会信心倍增。

在女性面前，男人的情绪很容易被调动起来。女人明白了男人在女人面前的种种心理后，不妨有节有度地让自己的女人味更贴近男人，让男人乐意替自己出力办事，何乐而不为呢？当然，这可不是教你脑袋空空，扮演交际花的角色，以美色迷惑男人。每一个女人都具有天生的女性魅力，只要你刻意发挥它，就能让异性被你吸引，也能让同性对你表示友善。随着时代改变，现代女性不但不应该扮演冰山美人，板着脸孔，反而应该善用“女色”——与生俱来的女性魅力，和男同事和睦相处，并在和谐的气氛中，凭着本身的实力和才干，以求得出人头地的机会。

事实上，并非每一个女人都是美女或性感女神，但能肯定的是，每一个女人都具有天生的女性魅力。魅力是一种优雅的风格，能让女人在追求事业的时候获益良多。

1. 合适的性感装扮，吸引注意力

如果你的上司、上司的上司都是男性，要吸引他们的注意力，除了具备专业知识和工作能力之外，合适又性感的穿着，绝对是引人注目的法宝。一件能充分显示线条美的裙子，摇曳生姿的高跟鞋，浓淡合宜的化妆，既有女人味，又不失端庄。

2. 聊他感兴趣的话题，建立异性友谊

要获得男同事的友谊，方法之一是挑对方有兴趣，而你又熟悉的话题。

例如，欧洲杯足球赛的赛况如何、汽车展销会的新型车有哪些、哪家酒廊的情调最好……

另一个和男士建立友谊的方法是，和他们保持礼貌性的肢体接触。比如，开会时你可以坐在想建立友谊的男同事旁边，在适当的时机，偶尔拍拍他的肩膀，表示支持和鼓励。研究显示，身体的接触是拉近人与人之间距离的最好方法。让他成为你的朋友，就算他不能成为你的助力，起码不会成为你向上发展的阻力。

3. 温柔幽默的话语，融化男性脾气

女人娇媚和温柔的特质，在面对冲突时是最好的润滑剂。当你和办公室的男同事意见不一致时，先别急得脸红脖子粗，应该保持风度，保持笑容，气定神闲，甚至可以摆出一副低姿态化解僵局。要知道，低调处理并非是无原则退让，大部分男人都是吃软不吃硬的，当你摆出愿意妥协的姿态时，他往往会先软化，妥协得比你更彻底。

4. 适时的赞美和鼓励，突破对方防线

男人喜欢被女人赞美和崇拜，你也别辜负女人善于甜言蜜语的才能。当你觉得某位男同事表现突出时，不妨大方地说出你对他的钦慕，例如："嗨！你真行！""你是怎么办到的？"。这样的语气，能给对方极大的激励和勇气，也容易突破他的防线，赢得友谊。

向男同事讨教，也是提高男性尊严的好办法。男人绝对乐于为你解决任何问题。当你征询他们的意见时，他们觉得被需要、被敬重，也就乐于提供各种意见，而他们的建议，常常真的管用。

细心一点，多为他人考虑能为你赢得人心

如果仔细分析一下身边的成功人士，你就会发现，那些真正的成功人

士，尤其是取得了巨大成就的成功人士，都会善待跟他有关的每一个人，而且每个人都很尊敬他，看重他，因而大大增加他们对他的贡献。因为他把那些人看得很高，满足了那些人的心理需求，因此他就能从他们那里获得更大的工作成绩。

你若想成功，就要让心胸宽广起来，那么你就应该先从善待跟你在一起的每一个人做起。了解他们的一些细小之事，对方就会觉得你很重视他，这样别人才会乐意与你交往，乐于帮你办事。对方的细小之事，是你获得友谊的敲门砖。

20 世纪 70 年代，美国国务卿基辛格率代表团访问中国，进行打破中美中断 20 年外交僵局的谈判。来华前，尼克松总统曾多次预测，到华谈判美方会大败而回。然而，事实并非如他们想象的那样，国务院总理周恩来在钓鱼台国宾馆亲切接见了他们。

周恩来总理微笑着握着基辛格的手，亲切地说："这是中美两国高级官员二十余年来第一次握手。"当基辛格把随行人员一一介绍给周恩来时，他的赞美更出乎他们的意料。他握住霍尔德里奇的手说："我知道，你会讲北京话，还会讲广东话。广东话连我都讲不好，你是在香港学的吧？"对斯迈泽说："我读过你在《外交季刊》上发表的关于日本的论文，希望你也写一篇关于中国的。"最后，他握住洛德的手说："小伙子，好年轻，我们该是半个亲戚，我知道你的妻子是中国人，在写小说。我愿意读她的书，欢迎她回来访问。"

周总理简短的欢迎词里蕴涵了高超的赞美技巧。他意识到基辛格一行的紧张心情，在严肃的外交场合，他有意淡化了政治角色，并且抓住细微之处，拉家常似的对其语言才能、论文、家庭成员进行了一番巧妙的赞美，既亲切又得体，也缓解了对方的紧张情绪。代表团成员对中国的领导人也颇有敬意，认识到了中国人民的友好态度。

事无巨细，有时细节的作用能发挥极大的能量。

不论在工作上还是生活上，如果你想消除对方的戒备心，使对方对你产生亲近感,你就应该记住与他有关的一些细微事情,并找机会说给他听。在交友办事的过程中,如果你能记住对方的一些细小之事,他就会对你消除戒备心,并产生强烈的信任感。

有一次,艾丽去一家单位办事,因为没有熟人,也没有什么用得上的关系,所以所求之事并没有办成,她失望地走出了这家单位。在单位大门口,她意外地遇到了一个人,好像在哪里见过。当那个人走近时,艾丽突然想起来在一次文化沙龙上见过这个人——这个人是一个杂文家,当时在沙龙上作了演讲。

艾丽主动地与对方搭讪:“您就是某某作家吧?”

对方一听艾丽叫出了自己的名字,停了下来,十分友好地问:“正是在下,请问小姐怎么称呼?”

艾丽做了自我介绍,又对那个作家说:“上次在文化沙龙上,我听了您的演讲,您讲得真好!”

接着,艾丽说出了演讲中的一些细节。比如,主办者如何向大家介绍,中途有人如何提问,以及这个作家的演讲内容等。

这个作家见艾丽连一些细节都记得这么清楚,心里乐滋滋的,信任感油然而生。他笑着对艾丽说:“没想到你听得这么用心,有些细节我自己差不多都忘了。”接着,他问艾丽来这里是不是有什么事。

艾丽把要办之事一五一十地说了出来,作家听了后说:“这是小事一桩,我帮你打个招呼就行了。我跟他们领导是朋友。”

艾丽只不过因为参加了那次文化沙龙,对方虽然并不认识他,但因为她注意了沙龙上尤其是那位作家的一些细小之事,就这样顺顺利利地把事情办好了。

在特定的场合,融洽气氛、增进友谊最简明易得的方法就是从对方得意的事说起。每一个人都有自认为得意的事情,这事情的本身,究竟有多大价值,是另一问题,而在他本人看来,却认为是一件值得终生纪念的事。你如果能预先打听清楚,在有意无意之间,很自然地讲到他得意的事情,只要他对你没有厌恶的情绪，只要他目前没有其他不如意的刺激，在情绪正常的情况下，他一定会高兴听你说的。

你在说的时候要特别注意技巧，表示敬佩，但不要过分赞赏，否则他会认为你是有意示好。把握住事情的关键，要慎重提出，加以正反两方面的阐述，使得他认为你是他的知己。到了这种境地，他自然会格外高兴，如此一来，即使他是个冷静的人，也会变得和蔼可亲，容易接近。

与人交往的时候，你不一定要付出很多。实际上，从小的方面表达你的好感，以无微不至的关怀对待别人，是最能赢得人心的。

第14章 宽厚仁慈，展现你的人情味助你成事

商业社会，当人们的眼光都放在利益的得失上时，那种做事善始善终、富于人情味的女性就像沙漠里的清泉一样珍贵。这恰恰是做人的一种大智慧。也许你帮了别人一个很小的忙，或者仅仅是对失意的人多了一点体贴，别人却因此记住了你，对你产生好感和感激，在你困难的时候，他们就会“涌泉相报”。

一视同仁，尊重你周围的每一个人

我们生活中的每一个人，无论他是默默无闻还是身世显赫，也无论他是文明人还是野蛮人，年轻人还是年老人，无论是你面前钉鞋的师傅还是居委会管事的，或是大街上蹬三轮车的，给人家做保姆的，都有被人尊重的愿望。这种愿望是我们人类最强烈、最迫切的一种目标。

由于个人的思想、观点、习惯、知识、修养、经历、性格等千差万别，我们应该尊重别人，虚心听取别人的意见，不要自以为是。讲究文明、注意礼貌、举止适度、彬彬有礼，能引起人的好感；而行为粗鲁、不施礼节，必然会使人退避三舍。

想一想，你在对待同事和朋友时，是否做到尊重、礼貌、友好、诚实、关心和信守诺言。如果你自命不凡，你的人际关系必然紧张，因为任何人都不愿和眼高手低、不尊重别人、不负责任的人打交道。一个人的内涵比言辞更能影响人际关系。处世技巧再高明，话说得再动听，没有充实的内涵，也很难得到人们的信任。

要做到尊重他人，首先必须平等地对待每一个人。心理学研究表明，人都有交友和受尊敬的欲望，并且交友和受尊重的希望都非常强烈。人们渴望自立，成为家庭和社会中真正的一员，平等地同他人进行沟通。如果你能以平等的姿态与人沟通，对方会觉得受到尊重，而对你产生好感；相反，如果你自觉高人一等、居高临下、盛气凌人地与人沟通，对方会感到自尊受到了伤害而拒绝与你交往。

我们每个人心中都有一种当重要人物的欲望，一旦别人帮助他实现了或让他体验到了这种感觉，他当然会对这个人感激不尽。当别人优于我们时，他们会有一种超越感；但是当我们凌驾于他们之上时，他们内心便会感到愤愤不平，有的产生自卑，有的却嫉恨在心。所以，我们应该谦虚地对待周围的人和事物，鼓励别人畅谈他们的成绩，不要喋喋不休地自己夸自己。

去尊重周围的所有人，你才会赢得所有人的尊重，建立起良好的人脉关系，一步一步走向成功。那些看上去不起眼的小职员，也应该予以尊重，因为你敬他一尺，他会敬你一丈，况且，说不定他们之中有藏龙卧虎之人，不知哪天就会晋升到你的头上。如果你平时尊重他，日后自然会得到好报。

但是，尊重别人不是嘴上说说就可以了，必须付诸行动。女性朋友不妨按照下面几点去做：

1.不要贬低别人的工作能力

当你周围的人在某一方面做出成就时，你应该给予适当的赞扬，而不是对其成就进行有意无意地贬低。即使你周围的人工作能力平庸，你也不要贬低。否则，不但使你们的交往不成功，还会激起矛盾，甚至变成仇恨。

2.不要在别人面前装出一副冷漠的神情

你冷漠地对待别人，别人会以为你瞧不起他。如果你周围的人诚恳地向你征求意见或诉说苦闷，你却显出一副事不关己、不感兴趣的样子，尽管你心里并没有不尊重对方的意思，但是你的行为已经伤了对方的心。

3.对你周围的人要宽容

别人一不小心得罪了你，并再三向你道歉，你却四处抱怨，不依不饶，结果只会导致你们之间的关系越来越疏远。

多替他人着想，心中不平自然会烟消云散

能否“替别人着想”，经常体现在日常生活的细微之处。马路上有一块石头，肯替别人着想的人就会随手将它拿到一边，免得行人被绊，或汽车碰到时伤人；进出玻璃弹簧门，在推门之后，看看后面有无人跟进，如有，则挡

一挡门，免得后来人被撞；坐电梯时挡住门，等等后上的人……这些都是举手之劳的小事，但往往从这些小事能看出你是否肯替别人着想。

美国黑人杰西克·库思是当时一家名不见经传的小报的记者。那时，美国石油大王哈默已蜚声世界。有一天深夜，杰西克终于在一家大酒店门口拦住了哈默，问了他一个最敏感的话题："为什么前一阵子阁下对东欧国家的石油输出量减少了，而你最大的对手的石油输出量却略有增加？这似乎与阁下现在的石油大王身份不符。"

哈默不温不火地回答道："关照别人，就是关照自己。关照别人需要的只是一点点的理解与大度，却能赢得意想不到的收获。关照，是一种最有力量的方式，也是一条最好的路。"

哈默离去后，杰西克怅然若失地呆站街头。他以为哈默只是故弄玄虚，敷衍自己。当然，那次采访也没有收到预想的效果，他一直耿耿于怀，对哈默的那番不着边际的话更是迷惑不解。

直到10年后，杰西克在有关哈默的报道中读到这样一段故事：在哈默成为石油大王之前，他曾一度是个不幸的逃难者。有一年冬天，年轻的哈默随一群同伴流亡到美国南加州的一个小镇上。那天，冬雨霏霏，镇长门前的花圃旁的小路成了一片泥淖。于是，行人就从花圃里穿过，弄得花圃里一片狼藉。哈默很替镇长痛惜，便不顾寒雨，一个人站在雨中看护花圃，让行人从泥淖中穿行。这时，出去了半天的镇长笑意盈盈地挑着一担炉渣铺在了泥淖里。结果，再也没人从花圃里穿过了。最后，镇长意味深长地对哈默说："你看，关照别人就是关照自己，有什么不好？"

纵观古今中外，凡是有很大成就的人，哪一个不懂得人情世故？哪一个不懂得众人划桨开大船的道理？哪个人的周围没有"贵人"帮忙？可以说，爱别人就等于是爱自己，施恩于别人就等于把恩惠留给了自己。古代哲人曾经说："喜爱人们的人，人们也常常喜爱他。恭敬人们的人，人们也始终恭敬他。"说的就是这个道理。

与人交往不要老想着能从对方处得到什么，要时常想想自己能为对方做些什么，这样你在人际交往这路中才能越走越宽广。

替他人着想应表现在，当他人遭到困难挫折时，伸出援助之手，给予帮助。良好的人际关系往往是双向互利的，你给别人种种关心和帮助，当你自己遇到困难的时候也会得到相应的回报。

有一些人与同事的关系不好，是因为过于计较自己的利益，总是去争求各种好处，时间长了难免会引起同事们的反感，无法得到大家的尊重，而且他们总在有意或无意之中伤害同事，最后使自己变得被孤立。而事实上，这些东西未必能带给人多少好处，反而会弄得自己身心疲惫，并失去良好的人际关系，可谓得不偿失。如果对那些细小的又不影响自己前程的好处，多一些谦让，比如单位里分东西不够时少分些，一些荣誉称号多让给即将退休的老同事，与其他人共同分享一笔奖金或是一项殊荣等，这种豁达的处世态度无疑会赢得人们的好感，也会增添你的人格魅力。

女性在与人交往时，更应发挥温柔体贴的特性。多站在他人的角度看问题，多为他人着想，多为将来着想，不要总是盯住别人的缺点和引起自己不快的环境，要从自身找原因，尽量克服一时的消极情绪。也许你帮了别人一个很小的忙，但你对别人多付出了一分体贴，别人也因此记住了你，对你产生好感和感激，在你困难的时候，他们也会主动伸出援助之手。

别忽视了身边那些不起眼的“小人物”

歧视小人物本来就是一种偏见，是一个人修养较差的表现，同时，从我们为人处世的实际考虑出发，对于小人物也不可轻视，因为在命运的起伏中，任何人都会有沉沉浮浮，所谓“三十年河东，三十年河西”，说不定有一天一个不起眼的人也会成为你命运的左右者。

可见，在某些形势之下，是没有小人物和大人物之分的。只要是能为我们做事提供一点点帮助的，都应成为结交的对象。说不定，与这些小人物搞好关系，会比结交那些所谓的大人物更有用呢。

在一个人遇难的时候，连乞丐都有可能成为他的救星。因此，要学会理解别人，了解他人的心理感受，重视身边所有的人，投入自己的感情，这样才会“得道多助”。

有一则寓言故事：

一只小蚂蚁到河边喝水，不小心掉到了水中。它用尽了全身的力气也游不到岸边，只好绝望地在河水中打转。此时，一只正在河边觅食的大鸟看到了这一幕，很同情它，便衔起一根小树枝扔到它旁边。小蚂蚁挣扎着上了树枝，摆脱了险境，回到了岸上。就在小蚂蚁在河边晒身上的水时，它听到一个拿着枪的猎人的脚步声，而这个猎人正准备射击那只大鸟。在这危急关头，小蚂蚁迅速钻进了猎人的裤管，在他扣动扳机的瞬间，咬了他一口。猎人一分神，子弹打偏了，枪声把大鸟惊起，而后飞远了。

蚂蚁比大鸟弱小得多，但它却能帮助大鸟躲过一场杀身之祸。

摘掉有色眼镜，尊重身边的每一个人，不要看他们对自己有用无用，也不要看他们的职务高低、身份贵贱，或许在面临危难的时候，在需要帮助的时候，他们都会出手相助。

重视小人物，并赢得他们的真心，才能够为自己的事业打造出坚实、协调的人际关系基础，否则的话，他们很可能会成为我们事业上的绊脚石，影响我们前进的步伐。

如果你是一个公司的业务精英，那些刚进入公司的新同事，则可以称得上是小人物。别对他们不屑，你应该帮助他们，给他们提供工作上的指导，向他们谈谈自己的心得和经验。这对于你而言，是易如反掌的，但却会令对方相当感动，并把你的帮助铭记在心，始终与你站在同一立场。很少的付出，就能获得很大的回报，何乐而不为呢？

假若你是一个团体或者大型机构的领导人，就要学会重视那些普通员工，因为他们是使你变得杰出的基础。你应该像一个长辈对待晚辈一样关心他们，支持他们，只有这样，你才会得到他们的真心和忠诚。

有时候，要想赢得“小人物”的心，光靠关心和礼貌是不够的，还要施展一点手腕，尊重他们，让他们有种心理上的平衡，这样才会拉近与他们之间的距离。

在日常生活中，应该记住那些小人物的名字。假如你在邂逅相遇的场合立刻叫出对方的名字，他脸上会很有光彩，有一种被重视的感觉，并很快对你产生好感。这样才能够吸引他们向你靠拢，并帮助你成就事业。

另外，在与“小人物”交谈时，言行要谨慎。小人物由于处于劣势地位，很在乎别人对自己的态度，尤其是与位高权重的人交往时，更会心有顾忌。别人的一句话，一个眼神，一个动作，也许会伤了他们敏感的神经，所以，一定要注意自己的言行。

一个人事业上的成功与否，并不完全取决于自己，或者自己所在的团体，在很大程度上，还会受到自己每天所接触的人和身边的小人物的影响。所以，我们要学会重视每一个人，包括身边的小人物。

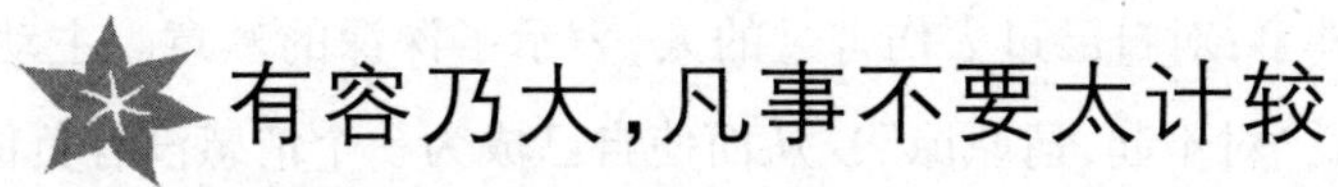

有容乃大，凡事不要太计较

常言说：“宰相肚里能撑船。”一个人只要有大度的胸襟，非凡的气量，就会有良好的人缘，才会在社交的王国里叱咤风云；相反，如果你度量狭小，嫉贤妒能，误以为自己聪明至极，非同一般，而对他人百般挑剔，眼中容不了任何人，心中容不了任何事，那你必然会失去人心，最终失去事业。

女人往往能够将别人的缺点看得一清二楚，但这并不意味着可以因此严厉地指责别人。在与人相处时，要懂得随时体谅他人，在温和且不伤害人的前提下，适宜地帮助别人。以严厉的态度对待别人，容易遭到他人的怨恨，反而无法达到目的。若要避免遭受人为的困扰，关键在于宽容对方。为

人处世不应用苛刻的标准去要求别人，要尊重他人的自由权利，只有做一个肯理解、容纳他人的优点和缺点的人，才会受到他人的欢迎。而对人吹毛求疵，又批评又说教没完没了的人，不会有亲密的朋友，众人对他也只会敬而远之。

潘石屹是中国大名鼎鼎的房地产商，他创造了一个个开发房地产的神话，美国《时代周刊》曾这样报道："房地产商潘石屹给中国一贯单调的公寓和写字楼带来了明快的色彩，潘石屹楼盘在品位上已国际化。"就是这个潘石屹，在新的一年即将来临之时，他做了四件事，把自己从多年的精神羁绊和折磨中彻底地解放出来。

第一件事：将一些多年来借了他的钱实在还不上的同学、同事甚至朋友的名字列了个清单，在点燃的蜡烛上烧了，让所有的旧账随着这张纸化为灰烬，并主动问清了他们的地址，给他们一一拜年，重新捡回当年的友谊；

第二件事：把曾经伤害过他、欺骗过他并在心里一直记恨的人列了个名单，也在火上烧掉了！他说，过去这种记恨的情绪时不时控制着他的大脑，无休止地折腾着他，使他不得安宁。就像是自己招来的鬼，现在烧掉了它，没有了仇恨就没有鬼了；

第三件事：对自己过去伤害过的人，表示了深深的歉意。主动地很真诚地对他们说"对不起，请原谅"！从而使自己成为一个情感没有负债的人；

第四件事：作为一个公司领导，千方百计地创造条件，让每一个员工在愉快和受鼓舞的环境中工作。

潘石屹说："当我做完这些事情后，我走到长安街上，下午的阳光十分明媚，大街上每一个人的笑容都非常灿烂，我身上也有如同大病初愈的感觉，是那么放松、愉悦。"

有容乃大，这是一种非凡的气度、宽广的胸怀，是对人对事的包容和接纳。对别人的释怀，也即是对自己的善待。宽容的心态，是一种生存的智能、生活的艺术，是看透了社会人生以后所获得的那份从容、自信和超然。

女人学会宽容，是一种成熟的标志，是一种"胸中天地宽，常有渡人船"

的人生境界。

宽容既然是人生的境界，我们就应该不惜一切去追求。我们在社会上办事难免与人发生矛盾、产生分歧，善处关系的女人，往往能以忍让的态度化解矛盾，防止矛盾激化，表现出宽广的胸怀。她们很少与人进行无谓的争吵，更不以压倒对手为乐趣；甚至自己明显占理的情况下，也不穷追不舍，逼人家认错，而是克制自己的好胜心，成全对方的自尊心，让人一步，叫人家体面地下台。在物质利益面前，她们也能克制自己的欲望，尽可能地把方便、利益让给他人。这种宽容大度、吃亏让人的品格无疑会赢得较高的社会评价，并使其每每在办事中获利，成为令人称道的佼佼者。

大千世界，无奇不有，奇闻怪事出现又有什么关系？世间万象，本来就没有对与错的绝对概念。也许身边的朋友通过嫁人从而衣食不愁，而你偏偏相信女人要靠自己一步一步稳扎稳打。鄙视她吗？或者从此敬而远之，断绝这份情谊？聪明的女性不会这样，她会先问自己："她这样做对我有影响吗？"没有，每个人有自己往高处走的方法，也许殊途同归，最终我们站到同一个至高点上。智慧的女人能够包容，允许不同生活理念的存在，懂得尊重别人的选择，也认同别人的生活方式，并予以真诚的赞美。

人就像大海一样，只有广泛吸取周围的河流，包容天下的雨水，它才会像大海那样广阔无垠，如果人不像大海一样心胸宽广，而像羊肠小道那样心胸狭窄，不愿容纳别人的一点过失，更不愿吸取别人的一点教训，那么他永远都是井底之蛙，看不到广阔的天空。

聪明的女人会让心绪变得平和，拥有宽容的性格，使自己能够理解别人。人人都渴望得到理解，得到宽容。想不通的事情，换个位置，站在对方的角度去思考，去评判，也许能找到宽容的依据。眼里容不得沙子的女人不会看得很远，不会原谅别人，别人也不会原谅她。不斤斤计较，懂得宽恕的女人，别人才能悦纳她。

遇事不要总是责备别人

我们经常会看到这样的场面:一位领导不分场合对其下属大声斥责,以为这样就可以树立威信,下属才会服从他;一位家长不顾孩子的感受唠唠叨叨地不停指责孩子的缺点,以为这就是对他的爱;一位教师一脸严肃地在学生的考卷上指指点点,大声训斥,以为这样他就会发奋学习;同事、邻里、朋友之间不顾方式地对对方的缺点、过失进行批评,以期对方改正……但这种方式往往会造成事与愿违的局面,即使对方意识到自己有错误,也会强词夺理,甚至拂袖而去,弄得双方不欢而散。

人无完人,在这个世界上,没有人不会犯错误。在错误面前,你可能要忍不住大发雷霆。狂风暴雨过后,你可能会沮丧地发现,你的"善意"并没有被对方所接受,甚至,换来的结果可能也与你预想的结果截然相反。

当然,你也许是一个诚心诚意的人,善良的人,对别人极负责任的人,批评人意在催人向善。即便如此,你在批评别人时,也应该真正地让被指责者理解你的诚心和善意才行。否则,你的诚心和善意就会被误解为虚伪和恶意。

即使被指责者理解你的诚意,但是,人性里有护短、爱面子的弱点。我们还是应该退一步仔细地想一想,如何避开人性的这份弱点?因为,只有不伤面子,才能让对方接受你的善意,你的目的才能真正达到。那么,你批评人时的具体操作方法不可不慎重。否则,批评比不批评的效果会更差。所以,中国古人把"罔谈彼短,靡恃己长"作为立身处世的信条。

两位大学时代的同窗好友,毕业后一起进入了演艺圈,一位选择当导演,另一位则很高兴当了演员。由于两人都很有才华,再加上勤奋努力,很快就在各自的领域站稳了脚跟。有一次,两人终于有机会合作一部电影,彼此都很高兴。但是,这位导演对于演员的要求一向都很严格,在拍戏过程中，对自己的同学也毫不客气地加以指责。有一天，导演因为几个镜头老是拍不好，不禁冲着老同学大发脾气，一句重话也随之脱口而出：“我从来没见过这么烂的演员！”那位演员也是一个好强的人，一听此话，脸色苍白，当即走回休息室，不肯继续拍戏。经过众人的劝说，导演来到休息室，对老同学说：“你知道，人在生气时，难免出口伤人，可是静下来想想……”那位演员见对方是来道歉的，不禁把头抬得高高的。导演见此，竟然支支吾吾讲不出后面的话来，过了半天才突然说：“我……我想了想……还是觉得你是个很烂的演员！”此话一出，结果可想而知，那位演员退出这部电影，两人从此绝交。一句话葬送了两个人的友谊，结下了一辈子的疙瘩。

我们常常会无情地剥掉别人的面子，伤害了别人的自尊心，抹杀了别人的感情，却还自以为是。我们在他人面前呵斥一个小孩或是下属，找差错，挑毛病，甚至进行粗暴的威胁，却很少去考虑人家的自尊心。其实，只要冷静地思考一两分钟，说一两句体谅的话，对别人的态度宽容一些，就可以减少对别人的伤害，事情的结果也就大大不同了。

人人都有自尊心，伤害了别人的自尊，对方会视之为“奇耻大辱”，并会一直耿耿于怀，随时找机会进行报复。所以，女性朋友在人际交往时千万不能伤害别人的自尊。在无关得失的小事中，总要让对方一步，这当然不仅仅是为了博得对方的欢心，作升官发财的阶梯，也在于获得多方面的好感，给人面子，给自己多留一些余地，使自己不会因小事而受到不必要的损害。

参考文献

[1] 宿春礼.思路决定出路[M].北京:中国和平出版社,2006.

[2]吴维库.阳光心态[M].北京:机械工业出版社,2006.

[3]李欣频.十四堂人生创意课[M].北京:电子工业出版社,2008.

[4]李开复.做最好的自己[M].北京:人民出版社,2005.

[5]雅芹卡耐基写给女人全集.[M].北京:中央编译出版社,2008.